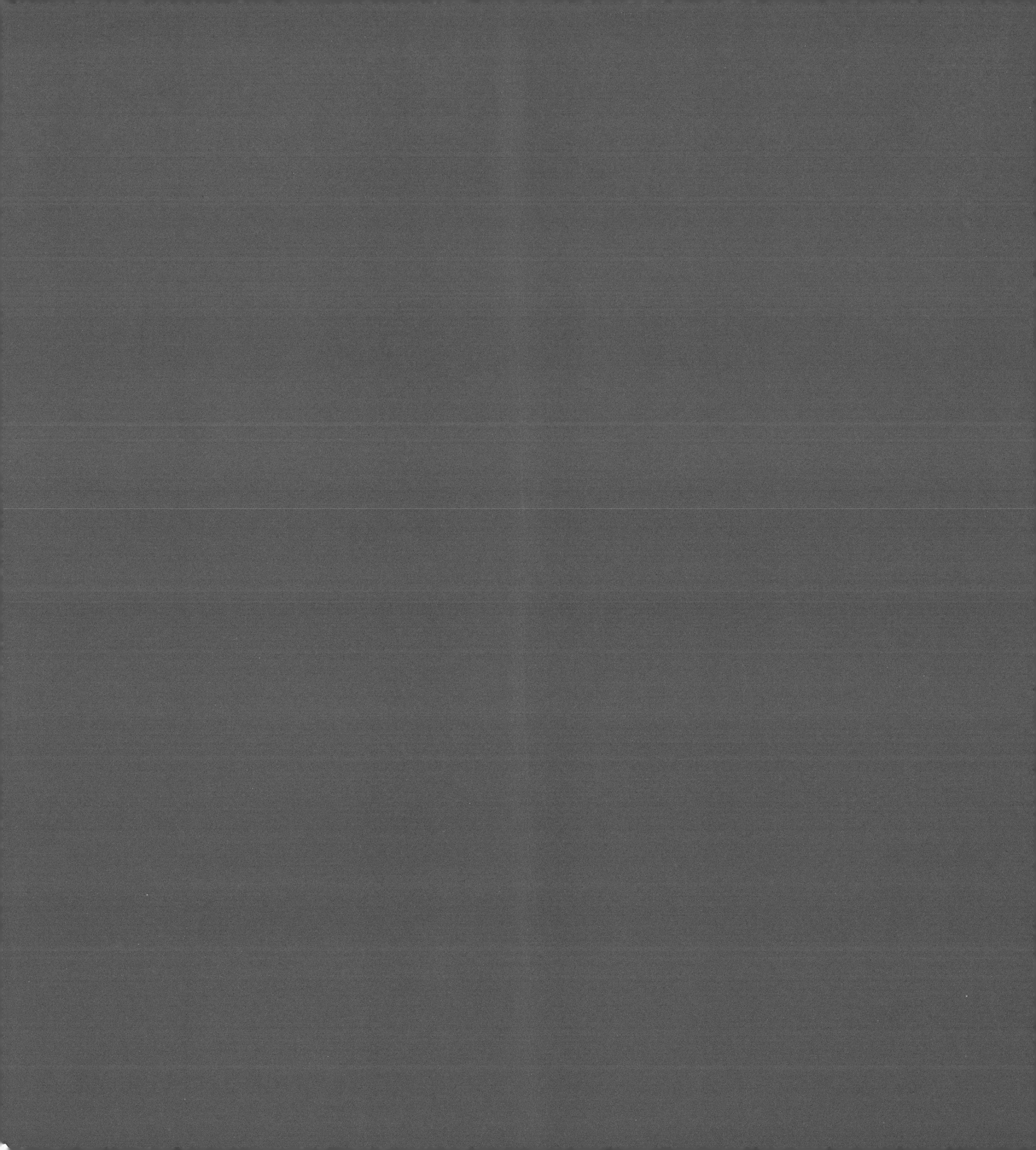

徐未晚　主编

人民就是江山

红色珍档见证中国共产党
百年奋斗之路

上海市档案馆　编

中国出版集团 东方出版中心

我们要实现党的十八大确定的奋斗目标和中国梦，必须紧紧依靠人民，充分调动最广大人民的积极性、主动性、创造性。

——习近平总书记在党的群众路线教育实践活动工作会议上的讲话

（2013 年 6 月 18 日）

坚持不忘初心、继续前进，就要坚信党的根基在人民、党的力量在人民，坚持一切为了人民、一切依靠人民，充分发挥广大人民群众积极性、主动性、创造性，不断把为人民造福事业推向前进。

——习近平总书记在庆祝中国共产党成立 95 周年大会上的讲话

（2016 年 7 月 1 日）

尊重人民主体地位，尊重人民群众在实践活动中所表达的意愿、所创造的经验、所拥有的权利、所发挥的作用，充分激发蕴藏在人民群众中的创造伟力。

——习近平总书记在庆祝改革开放 40 周年大会上的讲话

（2018 年 12 月 18 日）

　　从石库门到天安门，从兴业路到复兴路，我们党近百年来所付出的一切努力、进行的一切斗争、作出的一切牺牲，都是为了人民幸福和民族复兴。

——习近平总书记在"不忘初心、牢记使命"主题教育总结大会上的讲话

（2020年1月8日）

　　我们党的百年历史，就是一部践行党的初心使命的历史，就是一部党与人民心连心、同呼吸、共命运的历史。

——习近平总书记在党史学习教育动员大会上的讲话

（2021年2月20日）

　　江山就是人民、人民就是江山，打江山、守江山，守的是人民的心。中国共产党根基在人民、血脉在人民、力量在人民。

——习近平总书记在庆祝中国共产党成立100周年大会上的讲话

（2021年7月1日）

目　录 ｜ Contents

序 言　　　**徐未晚**

　　2021 年 7 月 1 日，习近平总书记在庆祝中国共产党成立 100 周年大会上指出："一百年来，我们取得的一切成就，是中国共产党人、中国人民、中华民族团结奋斗的结果。""人民是历史的创造者，是真正的英雄。""江山就是人民、人民就是江山，打江山、守江山，守的是人民的心。中国共产党根基在人民、血脉在人民、力量在人民。"

　　档案工作存史资政育人，是一项利国利民、惠及千秋万代的崇高事业。2021年 7 月，习近平总书记在对档案工作的重要批示中指出："要把蕴含党的初心使命的红色档案保管好、利用好，把新时代党领导人民推进实现中华民族伟大复兴的奋斗历史记录好、留存好，更好地服务党和国家工作大局、服务人民群众！"

　　为认真学习贯彻习近平总书记"七一"重要讲话和对新时代档案工作重要批示精神，充分利用红色档案资源，传承红色基因，赓续红色血脉，2021 年 9 月，上海市档案局（馆）、中共上海市市级机关工作委员会、中共上海市委党史研究室联合举办"江山就是人民　人民就是江山——红色珍档见证中国共产党百年奋斗之路"档案展。展览推出后，观者踊跃，反响热烈，社会各界给予了高度赞誉。新华社、人民网、学习强国、上海发布、上观新闻、《新民晚报》等主流媒体进行了全方位报道，上海广播电视台还对展览进行了网上直播。

　　为了进一步发挥档案工作存史、资政、育人的独特作用，增强领会学史明理、学史增信、学史崇德、学史力行，弘扬伟大建党精神，激发奋进新征程、建功新时代的强大动力，上海市档案局（馆）在中央档案馆国家档案局的大力支持和指导下，在各有关单位的协助下，以"江山就是人民　人民就是江山——红色珍档见证中国共产党百年奋斗之路"档案展的内容素材为基础，精心编撰了《人民就是江山——红色珍档见证中国共产党百年奋斗之路》档案文献图集，生动讲述中国共产党和人民风雨同舟、生死与共的奋斗历程，铿锵宣示"江山就是人民、人民就是江山"的历史真谛。

图集分为"开天辟地：为人民而生，因人民而兴""改天换地：社会主义革命和建设的成就是人民群众干出来的""翻天覆地：改革开放的历史伟剧是亿万人民群众主演的""经天纬地：人民对美好生活的向往，就是我们的奋斗目标"四大篇章，展现从建党的开天辟地，到新中国成立的改天换地，到改革开放的翻天覆地，再到党的十八大以来党和国家事业取得的历史性成就、发生的历史性变革；重点展现上海从中国共产党的诞生地到改革开放前沿阵地的沧桑巨变，特别是党的十八大以来，在以习近平同志为核心的党中央的坚强领导下，上海始终以人民为中心，深入贯彻"人民城市人民建，人民城市为人民"重要理念，谱写人民城市发展新篇章，书写上海发展新奇迹的伟大成就。

百年征程波澜壮阔，百年初心历久弥坚。站在新的历史起点上，我们要更加紧密地团结在以习近平同志为核心的党中央周围，全面贯彻习近平新时代中国特色社会主义思想，大力弘扬伟大建党精神，永远保持同人民群众的血肉联系，站稳人民立场，坚持人民主体地位，尊重人民首创精神，践行以人民为中心的发展思想，维护社会公平正义，着力解决发展不平衡不充分问题和人民群众急难愁盼问题，不断实现好、维护好、发展好最广大人民的根本利益，砥砺奋发，笃行不怠，为实现第二个百年奋斗目标、实现中华民族伟大复兴的中国梦而不懈奋斗。

1

开天辟地：
为人民而生，因人民而兴

2019 年 5 月 31 日，习近平总书记在"不忘初心、牢记使命"主题教育工作会议上指出："人民是我们党执政的最大底气，是我们共和国的坚实根基，是我们强党兴国的根本所在。我们党来自于人民，为人民而生，因人民而兴，必须始终与人民心心相印、与人民同甘共苦、与人民团结奋斗。"

1921 年，中国共产党第一次全国代表大会在上海、浙江嘉兴召开，宣告了中国共产党正式成立。这是中华民族发展史上开天辟地的大事变。我们党自成立之日起，紧紧依靠人民，团结带领人民，进行 28 年浴血奋战，打败日本帝国主义，推翻国民党反动统治，完成新民主主义革命，建立了中华人民共和国，几千年来受压迫、受奴役的中国人民从此成了新国家、新社会的主人。

过去的一切运动都是少数人的或者为少数人谋利益的运动。无产阶级的运动是绝大多数人的、为绝大多数人谋利益的独立的运动。

——摘自《共产党宣言》

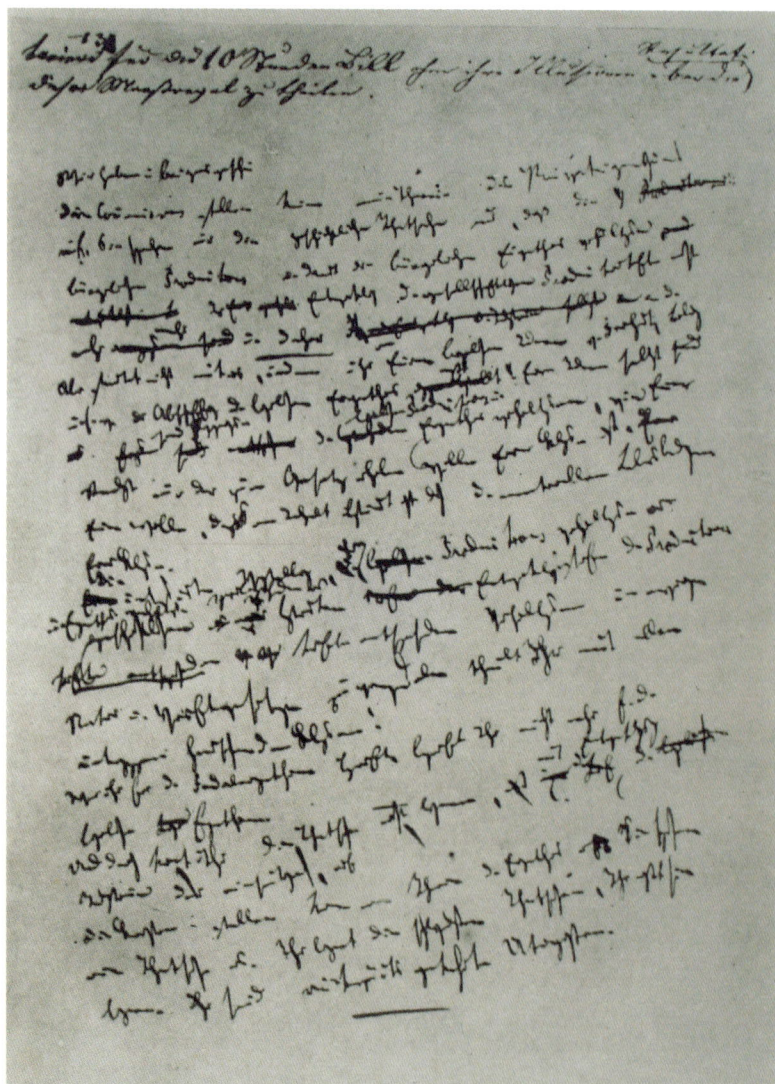

1848 年 2 月，马克思和恩格斯合著的《共产党宣言》正式发表，标志着马克思主义的诞生。它对全世界的无产阶级革命运动起了巨大的推动作用，成为中国共产党的创建和发展的思想基础，为中国革命提供了强大思想武器。图为《共产党宣言》草稿仅存的一页，其中头两行字为马克思夫人燕妮所写。（德国波恩艾伯特基金会图书馆馆藏）

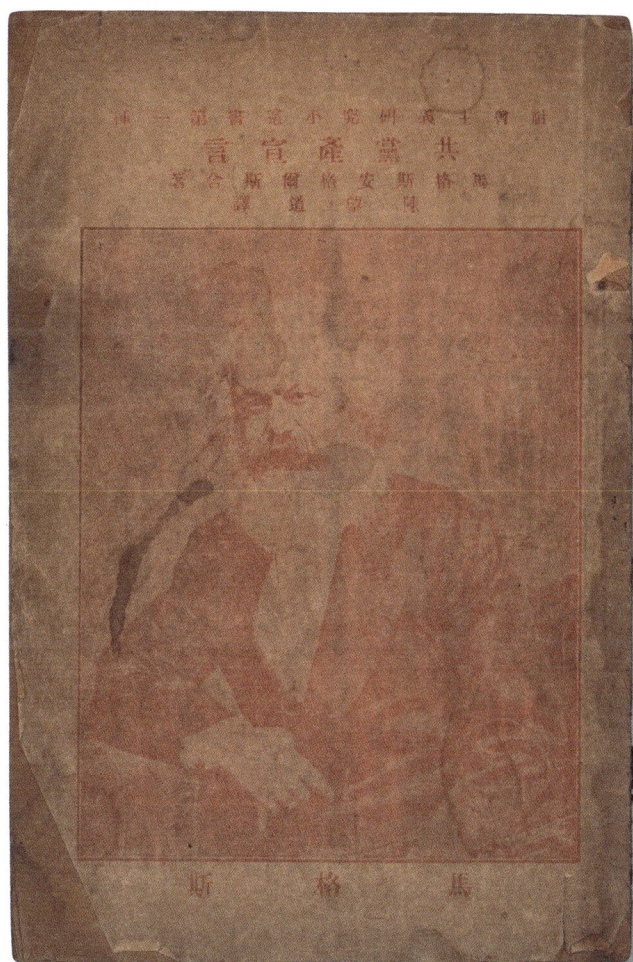

《共产党宣言》强调："过去的一切运动都是少数人的或者为少数人谋利益的运动。无产阶级的运动是绝大多数人的、为绝大多数人谋利益的独立的运动。"这"绝大多数人"，正是以无产阶级为主要代表的广大人民群众。图为陈望道翻译的《共产党宣言》第一个中文全译本第一版（1920 年 8 月版，水红色封面）和第二版（1920 年 9 月版，蓝色封面）的书影。

民主主义劳工主义既然占了胜利，今后世界的人人都成了庶民，也就都成了工人。

——李大钊

李大钊（1889—1927），字守常，河北乐亭人。中国共产党的主要创始人之一。1917年俄国十月社会主义革命的胜利使李大钊受到极大的鼓舞和启发。他逐渐明确地站到马克思主义的立场上来，成为中国最早的马克思主义者和共产主义者。

1918 年 11 月，李大钊在《新青年》第五卷第五号上发表《庶民的胜利》，指出："民主主义劳工主义既然占了胜利，今后世界的人人都成了庶民，也就都成了工人。"

李大钊是中国最早的马克思主义传播者。1919 年 9 月、11 月出版的《新青年》第六卷第五、六号连载了李大钊的《我的马克思主义观》一文。这篇文章是中国比较系统地介绍和分析马克思学说的开山之作。

中国古人说："劳心者治人，劳力者治于人。"现在我们要将这句话倒转过来说："劳力者治人，劳心者治于人。"

——陈独秀

陈独秀（1879—1942），原名庆同，字仲甫，安徽怀宁人。五四新文化运动的主要领导人之一，中国共产党的主要创始人和早期领导人之一。1915年9月，陈独秀在上海创办《青年杂志》（1916年9月改名《新青年》），举起民主与科学的旗帜，揭开了新文化运动的序幕。

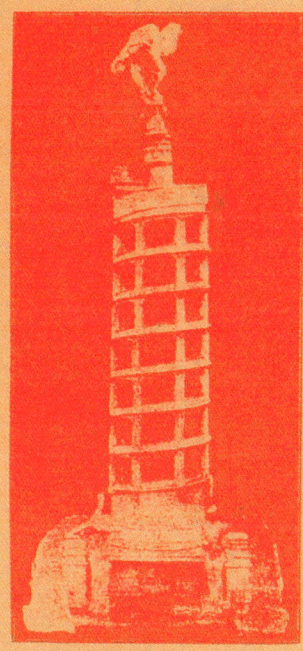

1920 年 5 月 1 日，《新青年》推出《劳动节纪念号》（第七卷第六号）。陈独秀在《劳动节纪念号》发表了《劳动者底觉悟》，指出："中国古人说：'劳心者治人，劳力者治于人。'现在我们要将这句话倒转过来说：'劳力者治人，劳心者治于人。'"

1925 年，陈独秀在《向导》周报第 101 期上发表《中国国民革命运动中工人的力量》一文，指出："若没有工人阶级有力的参加奋斗，决没有得到胜利的可能。"

世界什么问题最大？吃饭问题最大。什么力量最强？民众联合的力量最强。

——毛泽东

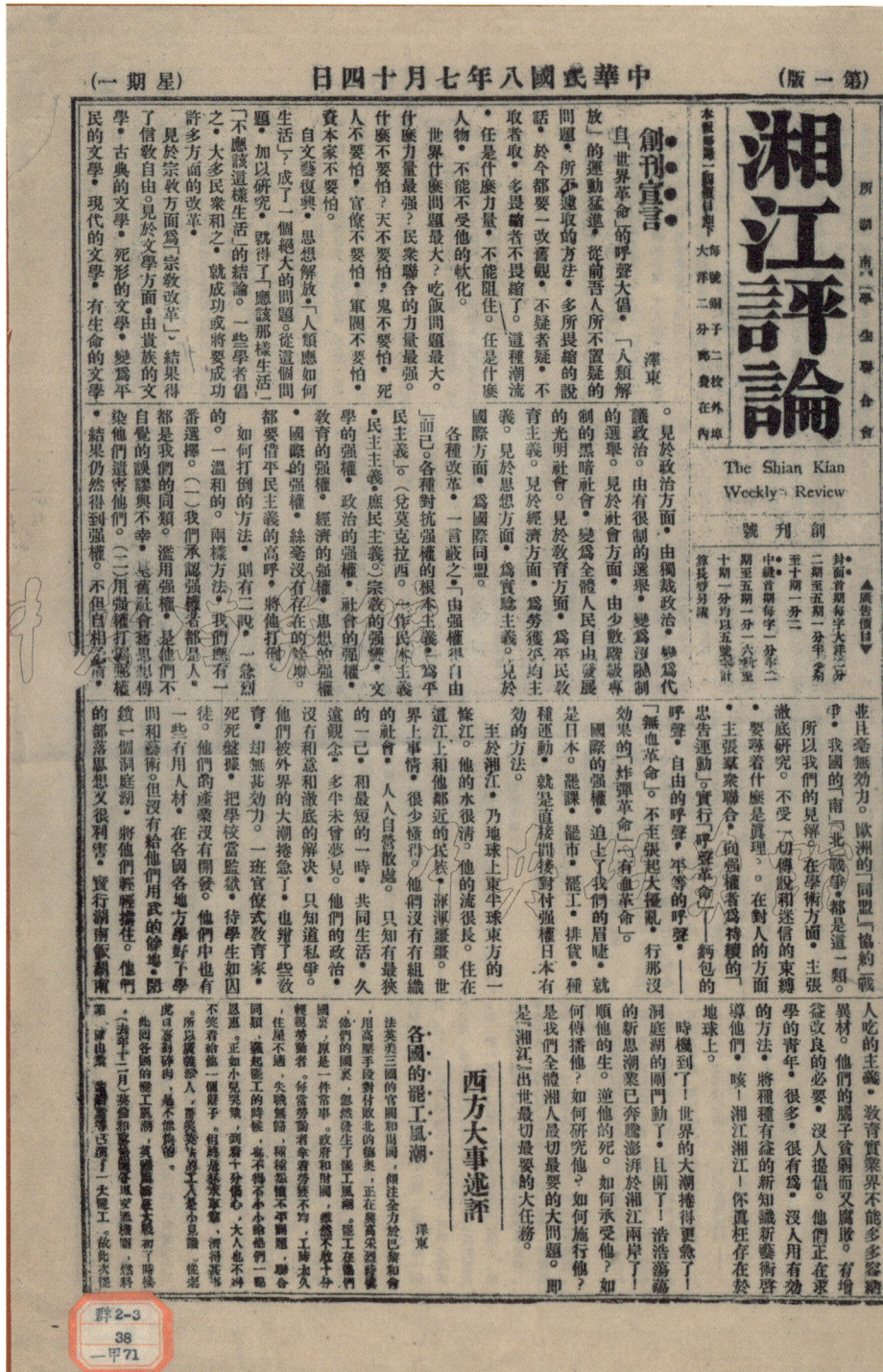

1919年7月14日，毛泽东主编的《湘江评论》在湖南长沙创刊。他在《发刊词》中指出："世界什么问题最大？吃饭问题最大。什么力量最强？民众联合的力量最强。"图为《湘江评论》创刊号。（中央档案馆藏）

毛泽东给蔡和森、萧子升等在法诸会友的信

蔡和森给毛泽东的信

1920 年 8 月至 1921 年 1 月，毛泽东与蔡和森通过信函往来，讨论了建立中国共产党的问题。1920 年 9 月 16 日，蔡和森在给毛泽东的信中明确提出，在各项准备工作之后，"正式成立一个中国共产党"。毛泽东于 1921 年 1 月 21 日回信说，"唯物史观是吾党哲学的根据""你这一封信见地极当，我没有一个字不赞成"。

中国共产党的最早组织是在中国工人阶级最密集的中心城市上海首先建立的

1919 年 5 月 4 日，以巴黎和会外交失败为导火线，五四爱国运动在北京爆发，中国新民主主义革命由此开端。同年 6 月 5 日，为声援北京学生，上海工人开展反帝爱国大罢工，标志着工人阶级作为一支独立的政治力量登上历史舞台，为中国共产党的建立奠定了阶级基础。

1920 年 6 月，陈独秀同李汉俊、俞秀松、施存统、陈公培等开会商议，决定成立共产党组织。8 月，上海共产党早期组织在法租界环龙路老渔阳里（今南昌路 100 弄）2 号《新青年》编辑部正式成立，它实际上起着中国共产党发起组的作用，是各地共产主义者进行建党活动的联络中心。

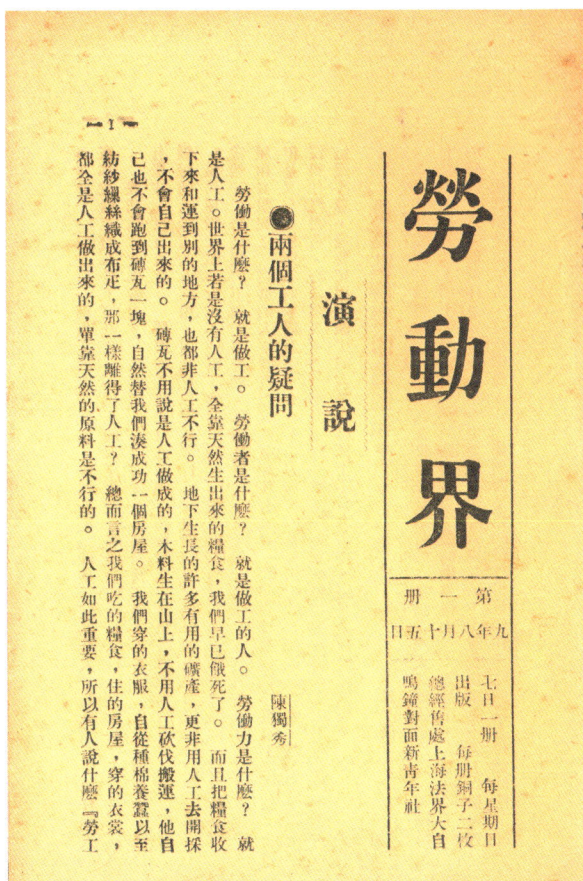

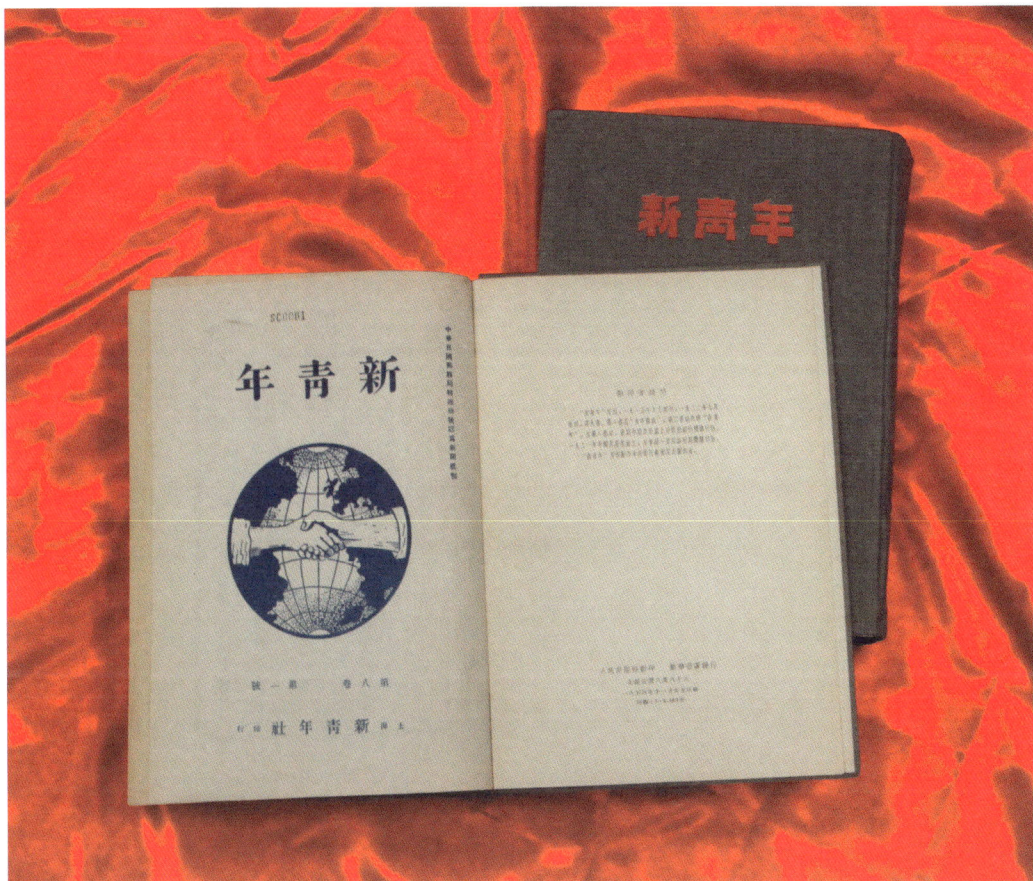

1920年8月15日，中国共产党发起组创办了《劳动界》周刊，是中国最早宣传马克思主义的工人刊物。

从1920年9月1日出版的第八卷第一号起，《新青年》成为中国共产党发起组的机关刊物，公开宣传马克思主义。

1920 年 11 月，中国共产党发起组拟定《中国共产党宣言》，指出"共产党将要引导革命的无产阶级去向资本家争斗，并要从资本家手里获得政权……并要将这政权放在工人和农人的手里"。这份宣言当时没有公开发表，但曾以此作为收纳党员的标准。

把工农劳动者和士兵组织起来。

——摘自《中国共产党第一个纲领》

1921年7月23日，中国共产党第一次全国代表大会在上海法租界望志路106号（今兴业路76号）开幕。参加会议的代表有：上海的李达、李汉俊，北京的张国焘、刘仁静，长沙的毛泽东、何叔衡，武汉的董必武、陈潭秋，济南的王尽美、邓恩铭，广州的陈公博，旅日的周佛海；包惠僧受陈独秀派遣出席了会议。他们代表着全国的50多名党员。共产国际代表马林和尼克尔斯基也出席了大会。由于受到法租界巡捕的袭扰，代表们商定最后一天的会议改在浙江嘉兴南湖的游船上举行。中共一大宣告了中国共产党正式成立。图为中共一大会址。

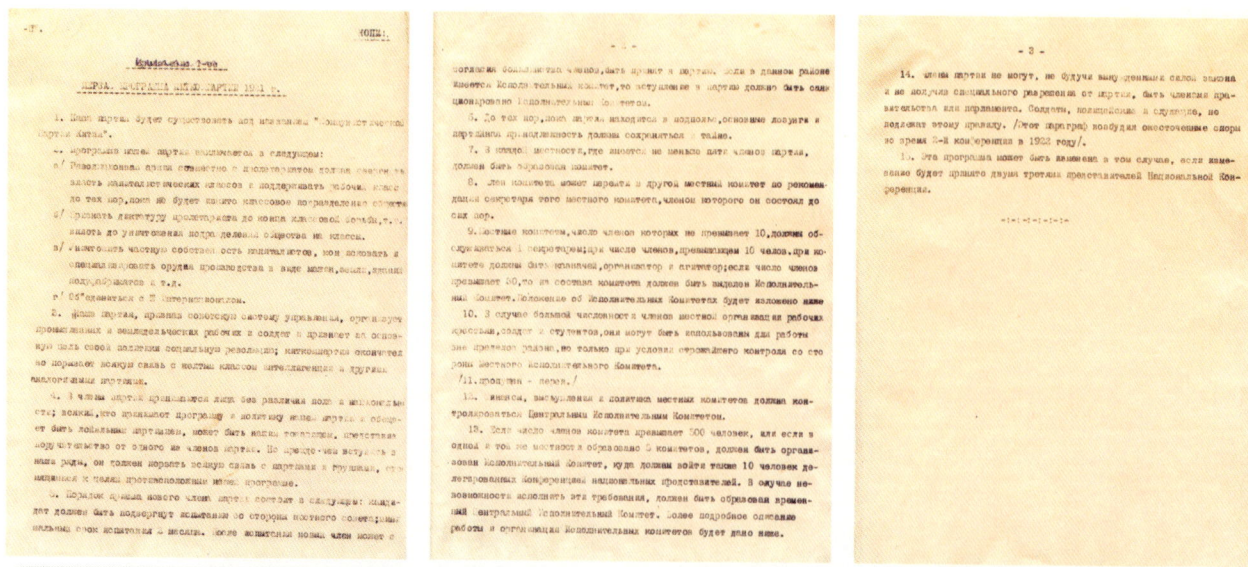

中共一大通过的《中国共产党第一个纲领》第二条提出："革命军队必须与无产阶级一起推翻资本家阶级的政权，必须支援工人阶级，直到社会的阶级区分消除为止"；第三条提出"把工农劳动者和士兵组织起来"。图为《中国共产党第一个纲领》俄译稿。

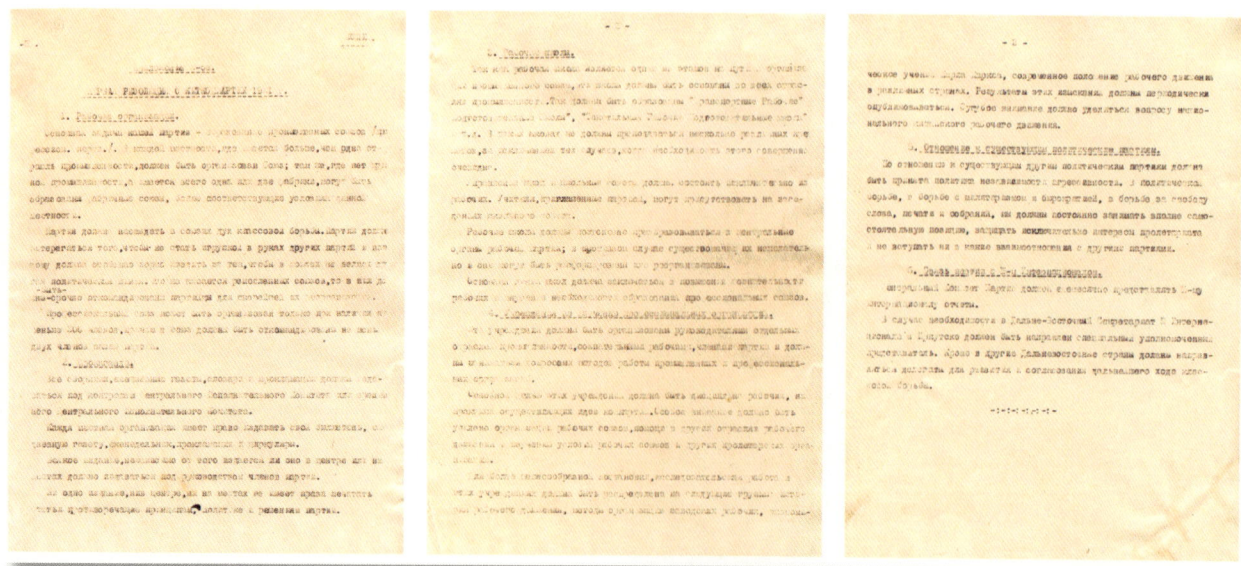

中共一大通过的《中国共产党第一个决议》规定"党的基本任务是成立产业工会"，通过工人学校和工会组织的研究机构等，"提高工人的觉悟""教育工人，使他们在实践中去实现共产党的思想"。图为《中国共产党第一个决议》俄译稿。

将来的世界一定是工人们的世界。

——摘自《中国劳动组合书记部宣言》

中国共产党诞生后，组织领导工人运动成为党的中心工作之一。1921年8月11日，党公开领导工人运动的总机构——中国劳动组合书记部在上海成立，其办事机构设在成都北路899号（原北成都路19号C）。1999年，在成都北路893弄7号易地重建。

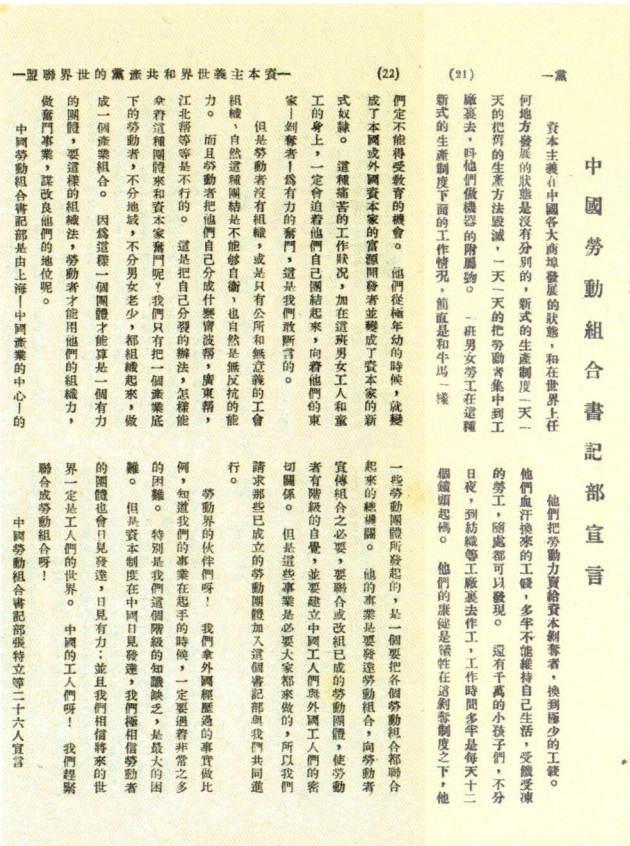

1921年8月出版的《共产党》月刊第6号发表了《中国劳动组合书记部宣言》，指出："将来的世界一定是工人们的世界。"自成立之日起，这个先进组织就向工人宣传马列主义，帮助工人组织工会，领导罢工斗争，掀起了第一次中国工人运动高潮，在中国工运史上具有开拓性的重要地位。

（第一版）　世界的工人们联合起来啊！　（星期六）　要目

中国劳动组合书记部

劳動週刊

通讯处上海公共租界新闻路北成都路口十九号

第十三号　每星期六出版　每份售铜元一枚

（本期出版一张）

编辑主任　张神立
编辑人　祖顺　李震瀛　李启汉　刘伯垚　高尚平
劳动周刊批订

工友们，我们大家联合的机会到了！

特载

● 上海各业工会代表团简章

（一）宗旨　同人等鉴于世界潮流及中国工界状况，不得不有相当之组织，以应需要。本会为全国工业中心，兹将联合各业工会公推代表组织此团，以树立上海总工会之基础。

（二）任务　本代表团之唯一任务，是在本团各代表自身研究及补助各工会采取何种方法，从各分业工会成立时，为得照章推举代表加入代表团。

（三）代表　本代表团互选总务一人，对内代表本团，对外代表本团。会计一人，办理本团账务。调查报告二人，辨理团内团外一切调查报告事务。俟负交际责任。各职员事务须任职半年，但得连举连任。再不足时得请团内外一切职员之代表相帮。各职员得卷务办理团内团外一切交涉之事……

评论

● 咋天是甚麼日子？
　震瀛

● 今天是甚麼日子？
　震瀛

● 欢迎上海各业工会代表团

《劳动周刊》，1921 年 8 月 20 日创刊，中国劳动组合书记部机关刊物，为中国共产党创办的第一份全国性工人刊物，是党指导全国工运和教育工人群众的重要宣传阵地。

我们既然是为无产阶级群众奋斗的政党，我们便要"到群众中去"，要组成一个大的"群众党"。

——摘自中共二大《关于共产党的组织章程决议案》

1922 年 7 月 16 日至 23 日，中国共产党第二次全国代表大会在上海南成都路辅德里 625 号（今老成都北路 7 弄 30 号）召开。大会通过了《中国共产党第二次全国大会宣言》《中国共产党章程》等 9 个决议案，选举产生了中央执行委员会。中共二大在党的历史上创造了多个"第一"，包括制定了第一部《党章》、第一次提出党的民主革命纲领、第一次提出党的统一战线思想等。中共二大与中共一大共同完成了党的创建任务，标志着中国共产党创建事业进入了一个崭新阶段。图为中共二大会址。

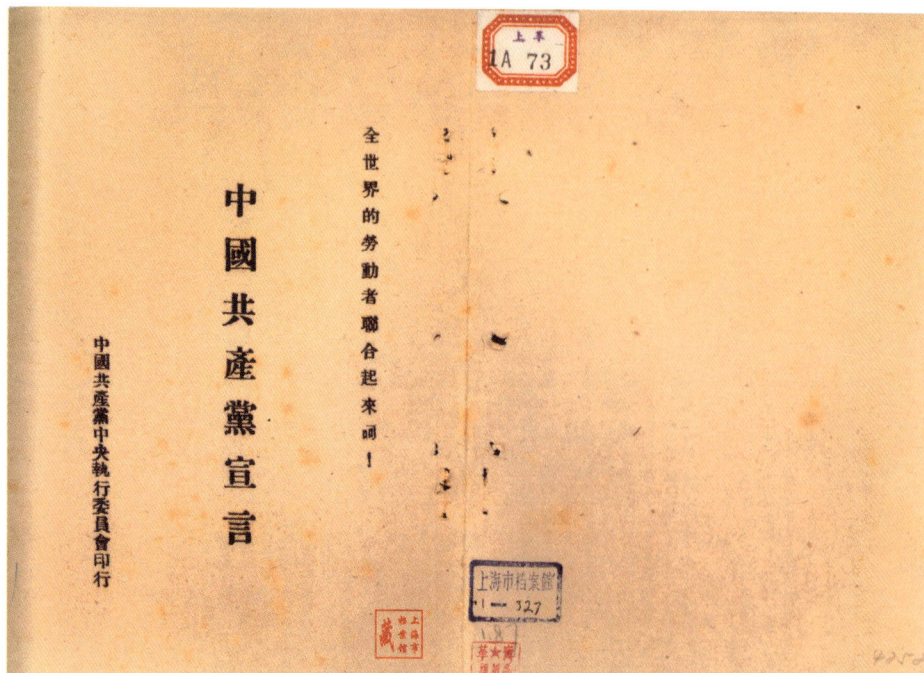

中共二大第一次公开发表的《中国共产党宣言》，首次明确地提出了彻底的反帝反封建的民主革命的最低纲领和实现共产主义的最高纲领。

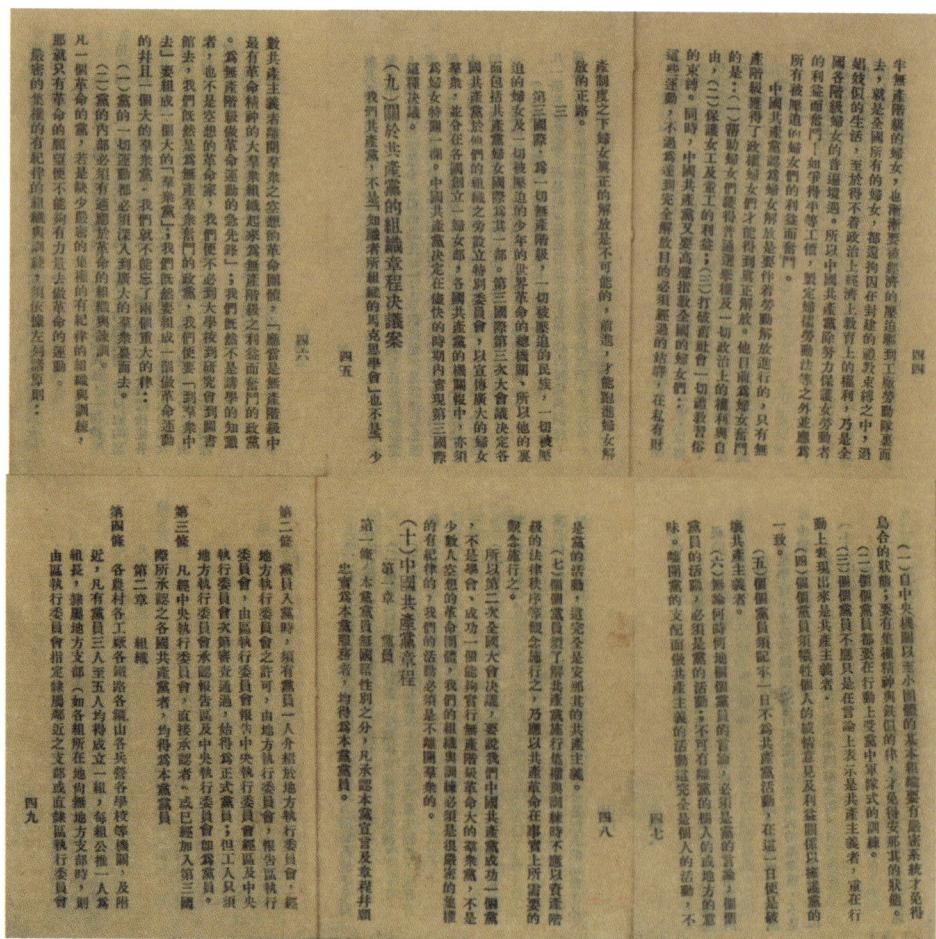

中共二大通过的《关于共产党的组织章程决议案》第一次提出群众的概念和党与群众的关系问题，指出："我们既然是为无产阶级群众奋斗的政党，我们便要'到群众中去'，要组成一个大的'群众党'；我们既然要组成一个做革命运动的并且一个大的群众党，我们就不能忘了两个重大的律：（一）党的一切运动都必须深入到广大的群众里面去。（二）党的内部必须有适应于革命的组织与训练。"

中国共产党在自己的责任上，很诚恳地向中国的劳动群众不断地说，劳农反对帝国主义和资本主义的压迫之斗争已临近了，这种斗争将永远把人类解放出来，将永远消灭一切的战争。

——摘自《中国共产党第四次全国代表大会宣言》

1925年1月11日至22日，中国共产党第四次全国代表大会在上海广吉里（位于今虹口区东宝兴路254弄28支弄8号处，原建筑于20世纪30年代毁于日军炮火）召开。这次大会对中国革命的一些基本问题作了系统的阐述，在党的历史上第一次明确提出无产阶级在民主革命中的领导权和工农联盟问题，对民主革命的内容作了更加完整的规定。图为中共四大纪念馆。

中國共產黨第四次大會宣言

工人們，農民們，全中國被壓迫的民眾！ 中國共產黨——中國無產階級的政黨，當國內戰爭正烈之時，曾向你們表示過自己的主張和態度。

直系軍閥雖然一時傾覆，而現在又圖重新保持其力量，把國內戰爭延長不息。在別一方面，反直系——奉系，安福都，最反動的段祺瑞以及基督將軍馮玉祥，雖然將北京政權抓住了，但是他們不僅不能統一中國，消滅軍閥戰爭，並且他們自

一二三

已仍舊要着軍閥的老把戲，爭擫着地無有息時；他們所給與人民的，不過是教工人及無數窮苦的農民更為遭殃，更為受苦！

無論直系或反直系軍閥的背後，都站立着列強的陰謀，他們為着要干涉中國內政，不斷的援助軍閥戰爭以與中國人民為敵。英美帝國主義者利用治外法權，在租界裏面給失意軍閥齊燮元等以機會，敎他組織勢力，繼續戰爭。但是當另一派軍閥退居租界有所動作時，他們便把他提住並逐出國外。這兩種行動，在表面上雖然不一樣，但是其目的都是要加緊中國的內亂，都是要利用軍閥，以達到他們帝國主義的侵略政策。

美國的軍艦，早已停泊在南京，近又從非律賓調動大批海軍向我們的海岸進迫。每一偶在中國的帝國主義機關報，總是天天高賊什麼有積極對華政策之必要，公然地就召列強用武

一二四

力干涉中國。

日本帝國主義者，在這次國內的戰爭中，比較別國更會利用機會，然而也就因此引起與英美帝國主義者的關係更加衝突。現在日本帝國主義者正圖藉口中國人民的顧望，要他的敵人（英美各國）對於他有所讓步。

日本帝國主義者又重新要立在為中國人民「保護者」的地位，如以前在歐洲大戰，袁世凱時代和凡爾賽會議時代一樣。日本為拖飾自己强盜的行為和趨向，已開始宣傳所謂「大亞細亞主義」和「亞洲人的亞洲」之口號。

工農們，被壓迫的民衆！中國共產黨號召你們起來，努力對世界帝國主義迎頭痛擊，努力打消帝國主義者的陰謀。世界帝國主義者確實想把中國變為殖民地，將中國人民淪到萬

一二五

《中国共产党第四次全国代表大会宣言》指出："中国共产党在自己的责任上，很诚恳地向中国的劳动群众不断地说，劳农反对帝国主义和资本主义的压迫之斗争已临近了，这种斗争将永远把人类解放出来，将永远消灭一切的战争。中国共产党以为不断地向群众解释，用什么方法中国人民才可以脱离帝国主义和军阀的压迫，如何才能与世界劳农革命运动联合起来……是自己唯一的责任。"

党在领导五卅运动中得到很大发展，党员从 1925 年初不足 1000 人，发展到年底 1 万人，不少没有党组织的地方建立了党组织。

——摘自《中国共产党简史》

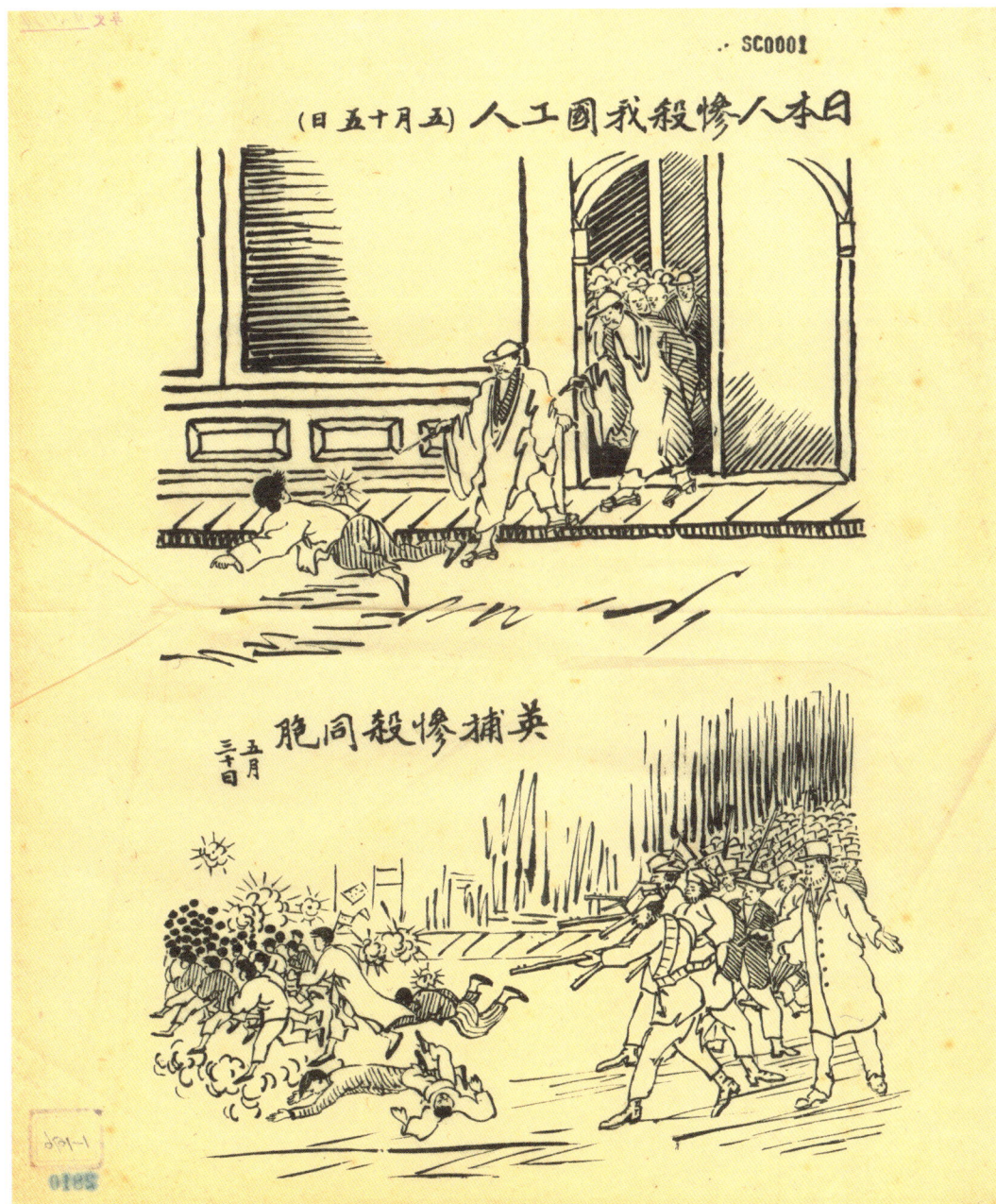

1925 年 5 月 15 日，日本资本家枪杀内外棉七厂工人顾正红（共产党员）。当晚，中共上海地委召开紧急会议，接着发出通告，号召开展反对日本帝国主义运动。申城各日资纱厂工人遂奋起罢工。图为描绘顾正红烈士牺牲和五卅惨案漫画。

1925年5月30日上午，上海数千学生、工人到南京路等处宣传演讲，控诉帝国主义的暴行。租界当局驱赶、殴打、拘捕演讲者。当天下午，大批群众聚集在南京路老闸捕房门前，要求释放被捕的学生、工人。英国捕头爱泼生竟下令向人群开枪，打死13人，伤者无数，制造了震惊中外的"五卅惨案"。图为"五卅惨案"现场。

在中国共产党的领导和推动下，五卅运动迅速席卷全国，各地人民群众积极行动起来，投入反帝爱国运动之中。图为1925年6月，南京各界人士示威游行，声援上海人民的反帝斗争。

在井冈山建立革命根据地，一定要与当地群众搞好关系，如果没有群众的支持，根据地是建立不起来的。

——毛泽东

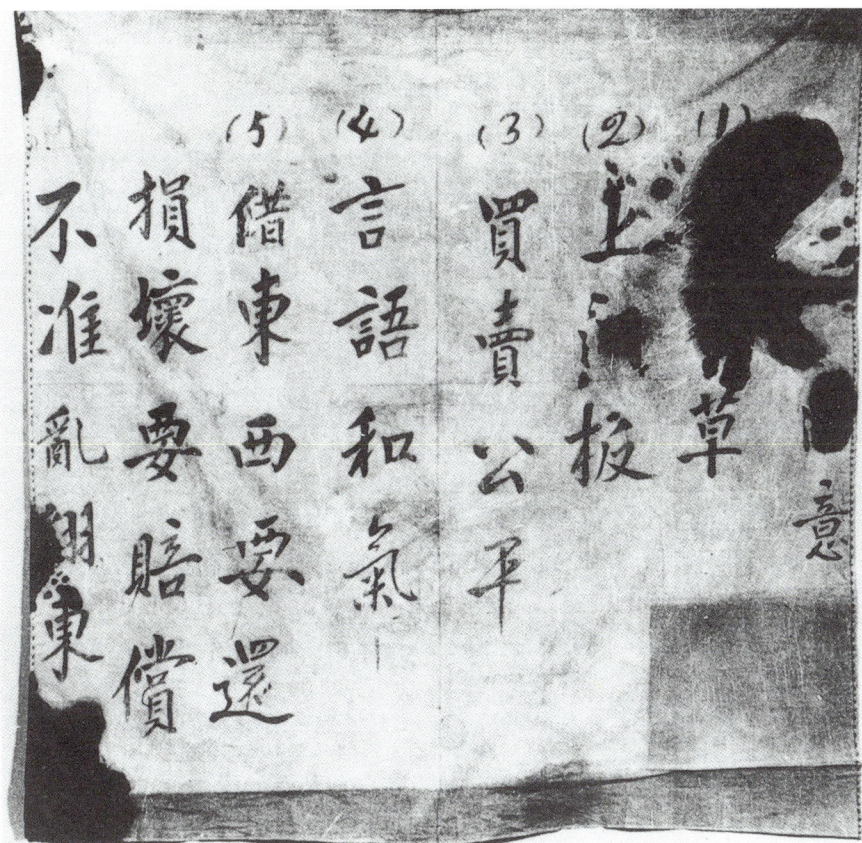

1928 年 4 月，毛泽东总结开辟井冈山根据地数月来从事群众工作的经验，向部队提出了"三大纪律、六项注意"的规定，要求处理好军队与人民群众的关系，依靠人民群众开展革命战争。图为红军战士写在包袱上的"六项注意"。

井冈山时期，毛泽东在加强党和红军建设时，十分注意通过入党宣誓仪式来对新党员进行党性教育。1927 年 10 月 15 日，毛泽东在湖南酃县（今炎陵县）水口村叶家祠堂主持了 6 名新党员的入党宣誓仪式。他带领新党员宣读入党誓词："牺牲个人，努力革命，阶级斗争，服从组织，严守秘密，永不叛党。"图为 1931 年 1 月 25 日，江西永新县北田村农民贺页朵用毛笔写在一块红布上的入党誓词。其内容与毛泽东领誓的入党誓词大致相同，顺序略异。

红军不是单纯为了打仗而打仗，而是为了宣传群众、组织群众、武装群众，并帮助群众建设革命政权才去打仗的。

——摘自《中国共产党红军第四军第九次代表大会决议案》

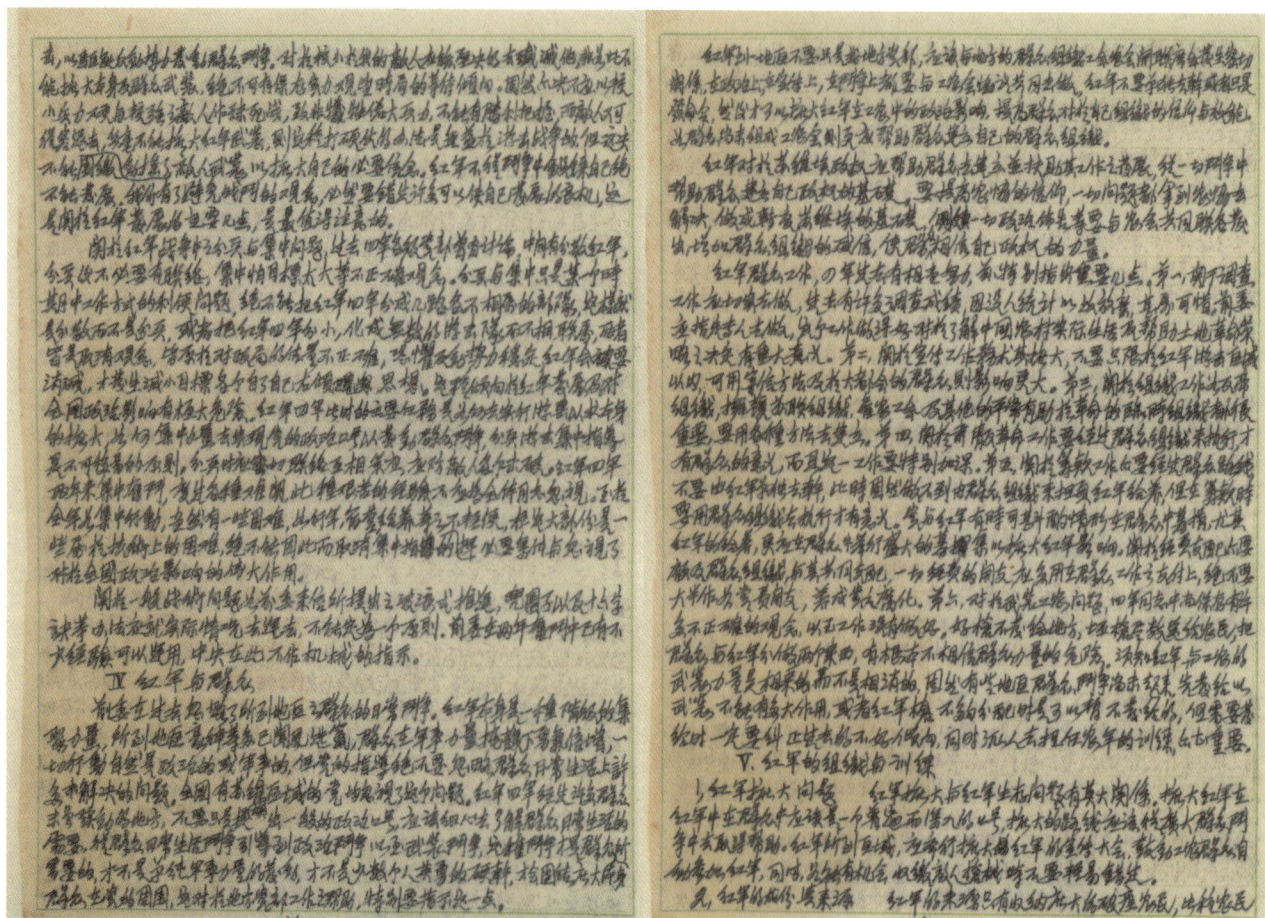

1929年9月28日，中共中央向红四军前委发出指示信（即"九月来信"）。信中三次提到"群众路线"，即筹款工作要"经过群众路线"，没收地主豪绅财产要"经过群众路线"，红军给养及需用品也要"渐次做到群众路线找出路"。图为原抄件的一部分。（中央档案馆藏）

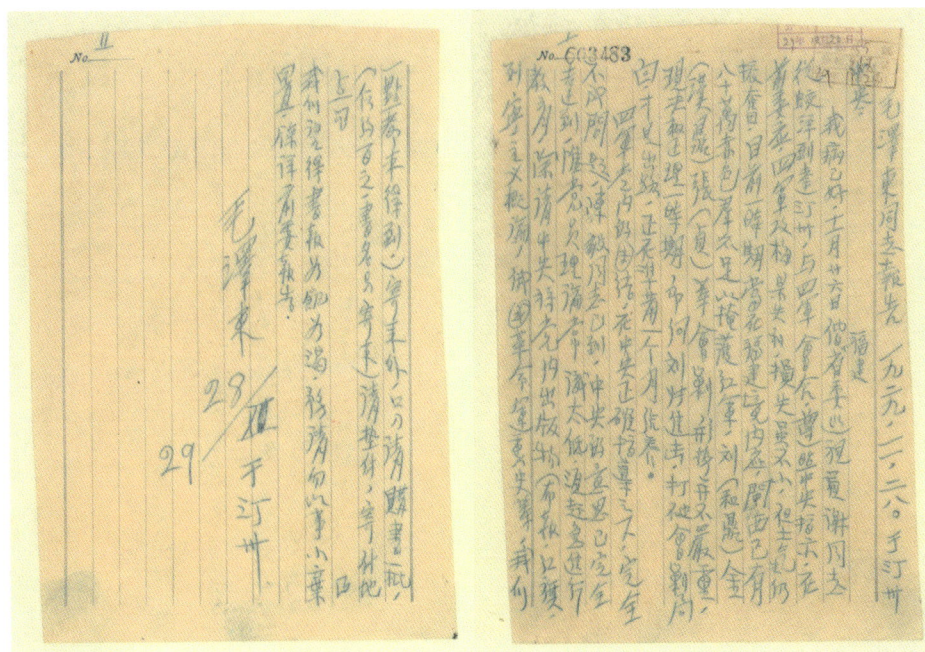

毛泽东接到"九月来信"后，于 1929 年 11 月 28 日给中共中央回信。图为毛泽东写给中央的回信。（中央档案馆藏）

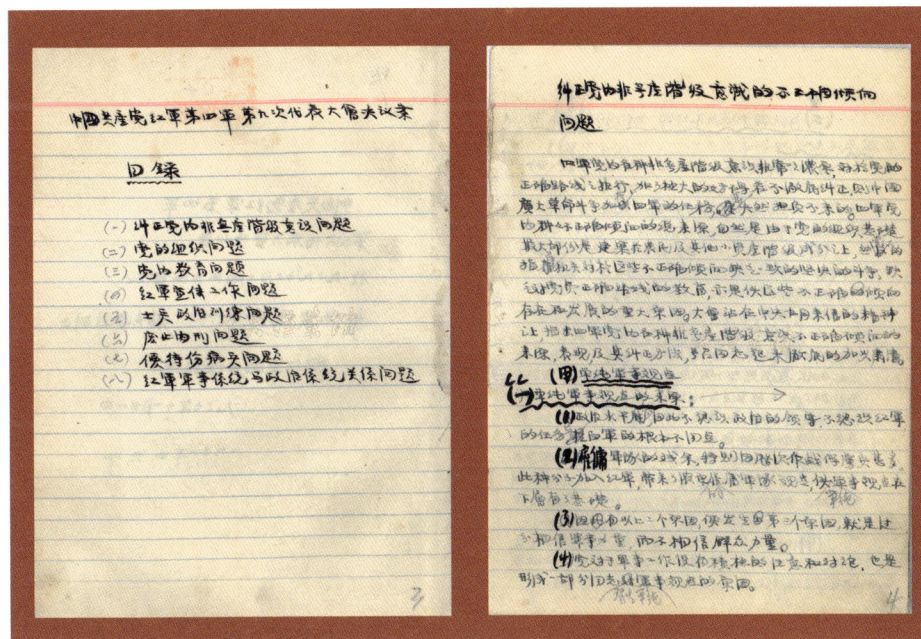

1929 年 12 月，毛泽东在根据"九月来信"指示精神起草的《中国共产党红军第四军第九次代表大会决议案》（即古田会议决议）中指出：红军的打仗"不是单纯为了打仗而打仗，而是为了宣传群众、组织群众、武装群众，并帮助群众建设革命政权才去打仗的"。（中央档案馆藏）

真正的铜墙铁壁是什么？是群众，是千百万真心实意地
拥护革命的群众。这是真正的铜墙铁壁，什么力量也打不破的，
完全打不破的。

——毛泽东在中华苏维埃第二次全国代表大会上的讲话
（1934 年 1 月）

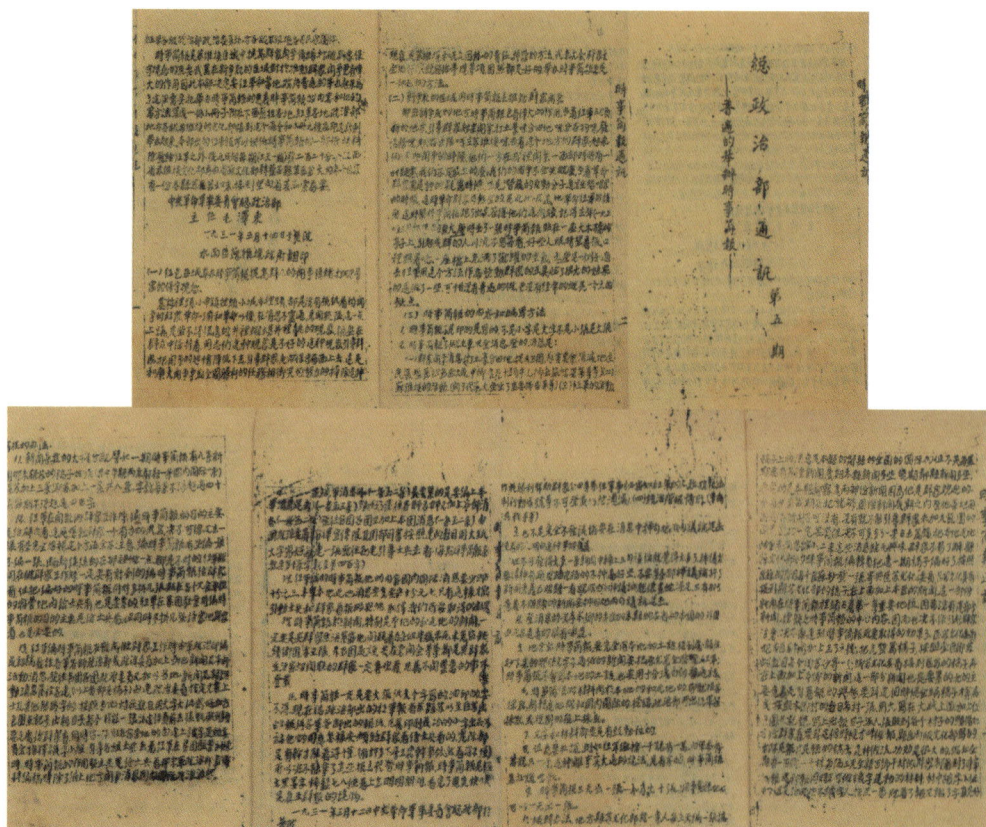

1931 年 3 月，毛泽东在《总政治部通讯》第五期发表《普遍地举办时事简报》。文章指出，编《时事简报》的目的主要是给群众看，报道的内容要紧密联系群众生活，排版方式要符合工农认知特点，要"看上去明明朗朗，看完了爽爽快快"，这是发动群众的一个有力的武器。（中央档案馆藏）

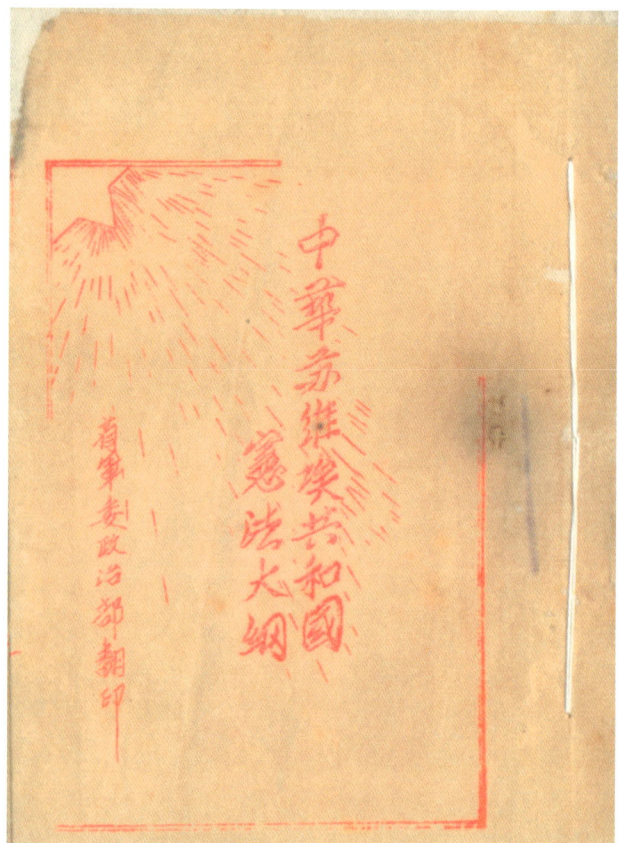

1931 年 11 月，中华苏维埃第一次全国代表大会通过的《中华苏维埃共和国宪法大纲》明确规定："苏维埃政权以消灭封建制度及彻底改善农民生活为目的""苏维埃是革命战争的领导者组织者，苏维埃是群众生活的领导者组织者，发展革命战争，改良群众生活，这是我们的任务，这是我们的目的"。

1933年4月，毛泽东随同中华苏维埃共和国临时中央政府和中革军委从江西瑞金的叶坪村迁到沙洲坝。看到当地群众一直饮用污浊的塘水，毛泽东遂与干部群众商量，决定挖井取水。他勘察地形，调查水源。在军民共同努力下，终于挖成一眼水井。1950年，沙洲坝人民修缮了水井，并取名为"红井"。他们还在井边立了一块木牌，上书："吃水不忘挖井人，时刻想念毛主席。"后木牌改为石碑，并设了围栏。图为在上海市档案馆新馆专题展厅"红井"复原景观。

1934 年 1 月 27 日，毛泽东在中华苏维埃第二次全国代表大会上作《关于中央执行委员会报告的结论》（该文后经节录收入《毛泽东选集》第一卷，标题改为《关心群众生活，注意工作方法》），指出："我们现在的中心任务是动员广大群众参加革命战争，谁要是看轻了这个中心任务，谁就不是一个很好的革命工作人员，我们对于广大群众的切身利益问题，群众的生活问题，一点也不能疏忽，一点也不能看轻。"（中央档案馆藏）

一部红军长征史，就是一部反映军民鱼水情深的历史。在湖南汝城县沙洲村，3名女红军借宿徐解秀老人家中，临走时，把自己仅有的一床被子剪下一半给老人留下了。老人说，什么是共产党？共产党就是自己有一条被子，也要剪下半条给老百姓的人。

——摘自《习近平总书记在纪念红军长征胜利 80 周年大会上的讲话》

（2016 年 10 月 21 日）

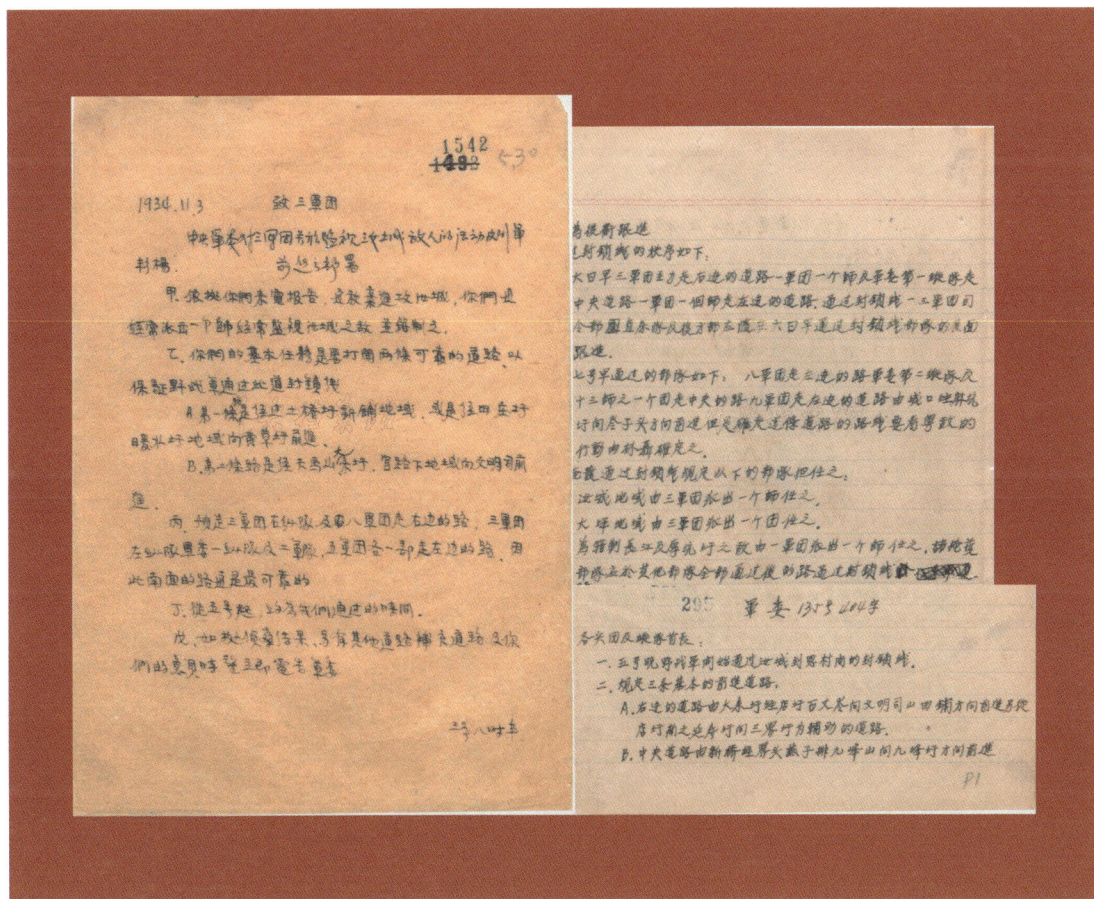

1934 年 10 月，中共中央机关和红一方面军 8 万多人，自福建长汀和江西瑞金、于都等地出发，开始长征。在途经湖南汝城县沙洲村时，3 名女红军借宿贫苦村民徐解秀家中，临走时把自己仅有的一床被子剪下一半给徐解秀留下了。2016 年 10 月 21 日，习近平总书记在纪念红军长征胜利 80 周年大会上讲述了这则感人的故事。图为 1934 年 11 月 3 日中央军委关于监视湖南汝城敌人的活动及行军前进之部署，以及同年 11 月 5 日朱德关于我军 5 号通过汝城到恩村的行动部署。（中央档案馆藏）

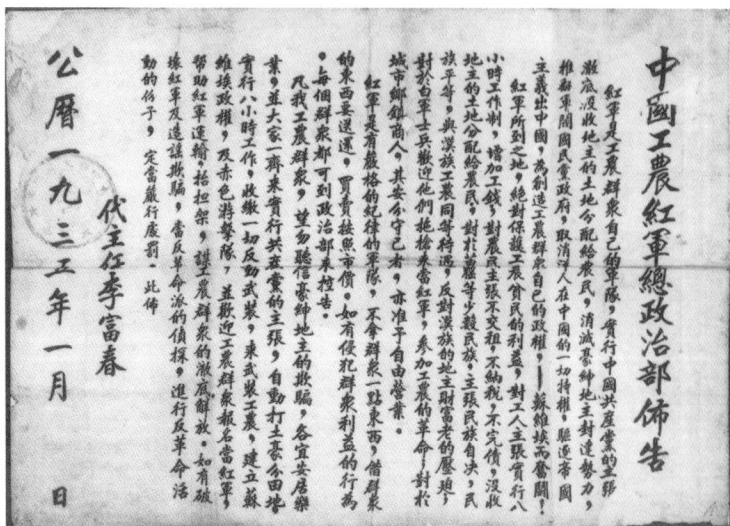

1935 年 1 月初，红一方面军强渡乌江，进入黔北地区。这是红军总政治部在进入贵州后发布的布告，是红军长征途中向广大群众发布的重要布告之一。

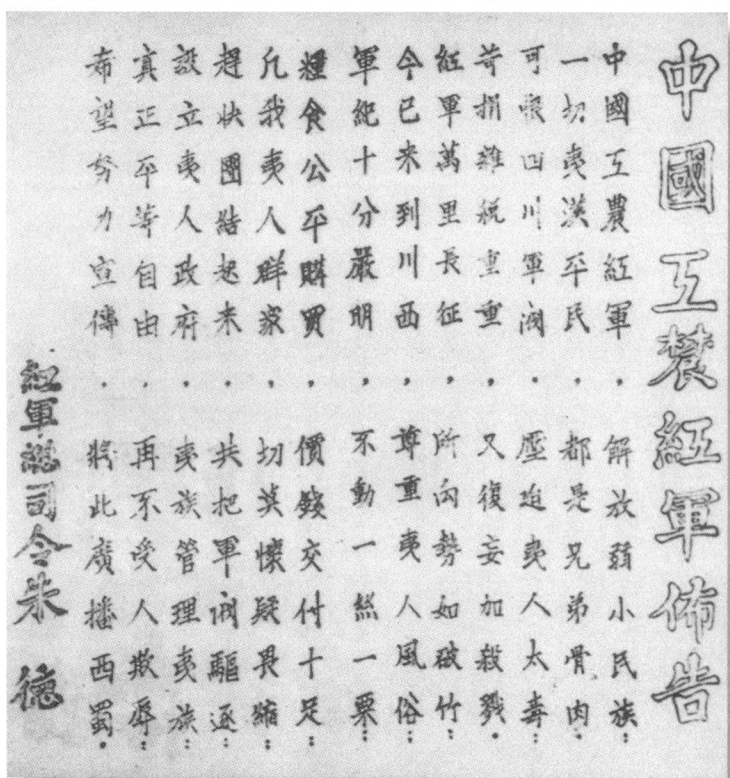

1935 年 5 月 19 日，中央红军派出以刘伯承为司令员、聂荣臻为政治委员、萧华为群众工作队队长的先遣军，准备借道彝民区，抢先渡过大渡河。由于执行了正确的民族政策，红军先遣部队受到彝族人民的欢迎。5 月 22 日，刘伯承与彝族果基家支首领小叶丹在彝海畔歃血为盟。红军后续部队得以顺利地通过彝区，迅速抢渡大渡河，跳出了国民党军的包围圈。图为红军总司令朱德发布的《中国工农红军布告》，宣传党的民族政策。

1935 年 10 月，红一方面军到达陕北。图为参加红军的部分彝族战士长征到达陕北后留影。

把党的方针变为群众的方针，还须要我们长期坚持的、百折不挠的、艰苦卓绝的、耐心而不怕麻烦的努力。

——摘自毛泽东《为争取千百万群众进入抗日民族统一战线而斗争》

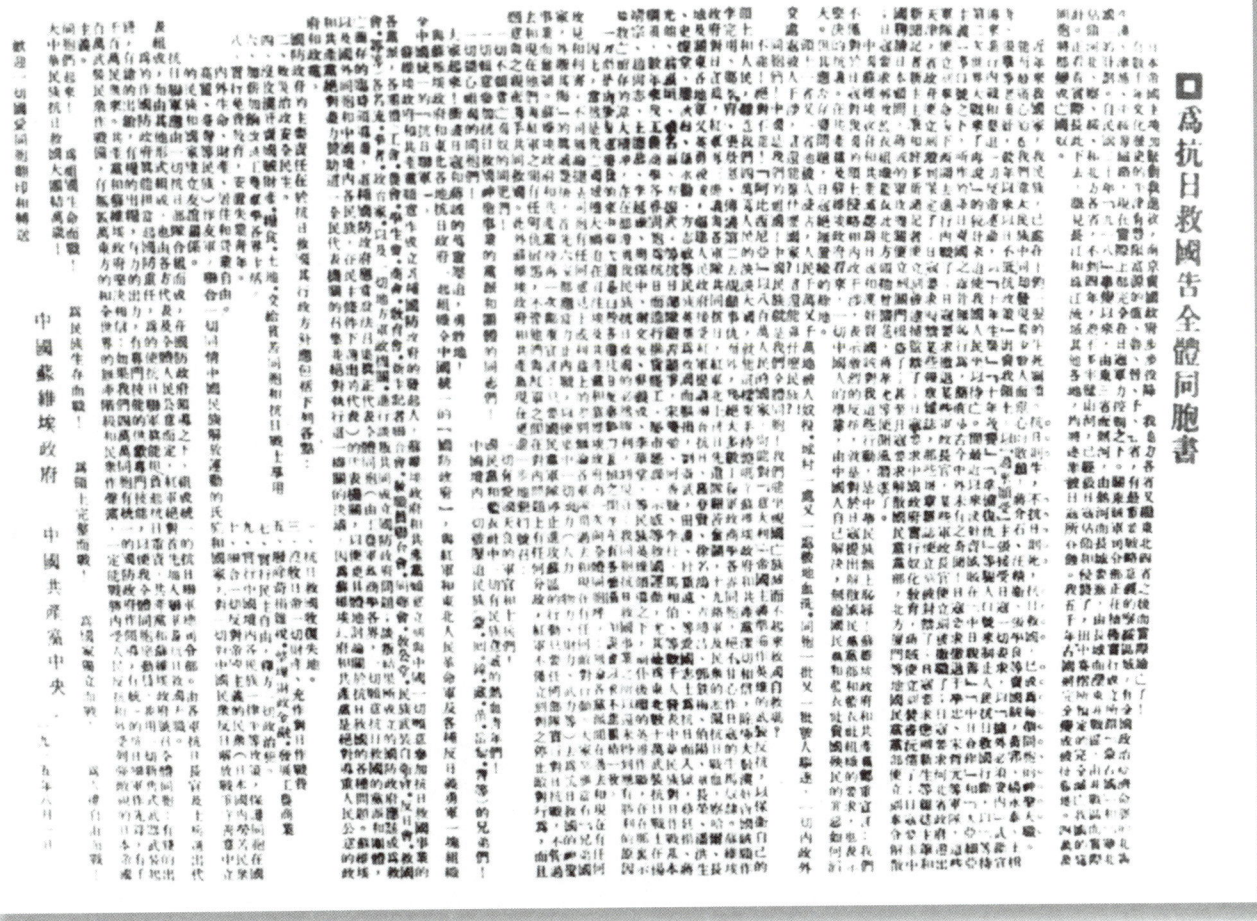

1935年10月1日，中国共产党以中国苏维埃政府和中国共产党中央的名义发表了《为抗日救国告全体同胞书》，即著名的《八一宣言》。

1937年5月2日至14日，中共中央在延安召开了有苏区、白区和红军代表参加的党的全国代表大会，时称苏区党代表会议。图为大会会场。（中央档案馆藏）

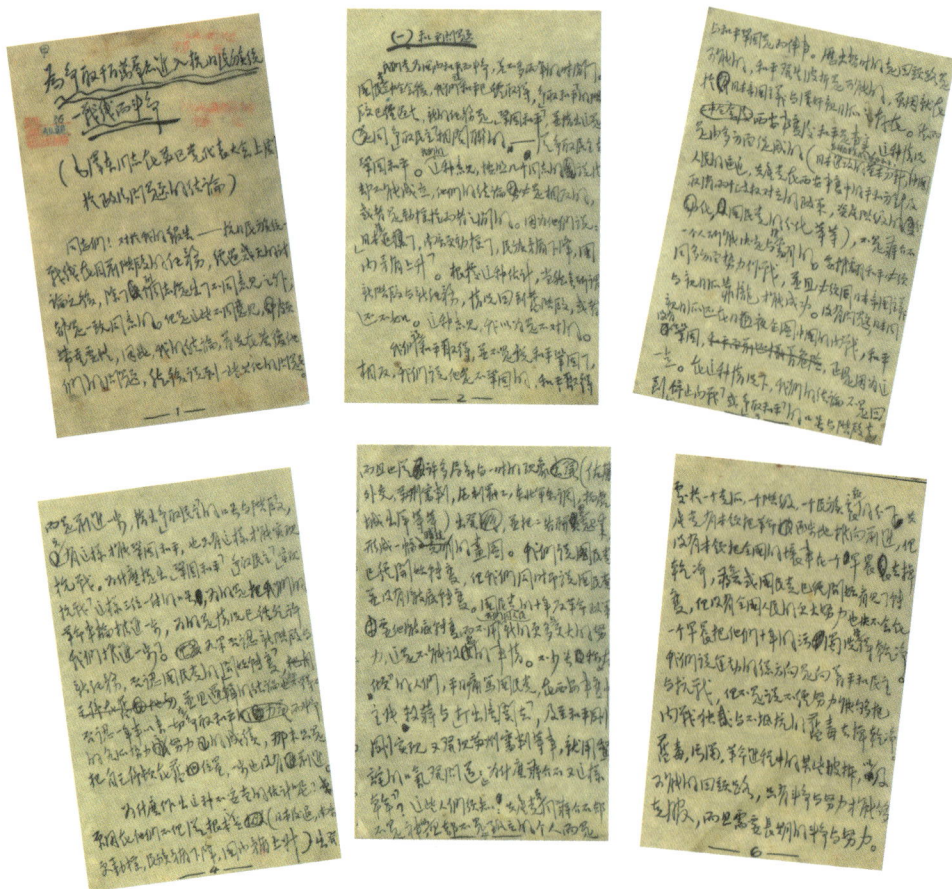

在苏区党代表会议上，毛泽东作了题为《为争取千百万群众进入抗日民族统一战线而斗争》的报告，明确提出党的全面抗战路线，强调要把"党的方针变为群众的方针"，指出"我们党的组织要向全国发展，要自觉地造就成万数的干部，要有数百个最好的群众领袖""党依靠着这些人而联系党员和群众，依靠着这些人对于群众的坚强领导而达到打倒敌人之目的"。（中央档案馆藏）

1939 年 11 月 1 日，《中共中央关于深入群众工作的决定》正式发布，这是党的历史上第一个关于群众工作的决定。（中央档案馆藏）

全国各地的青年纷纷奔赴延安，"到延安去"成为一大批有志青年和知识分子的共同选择。

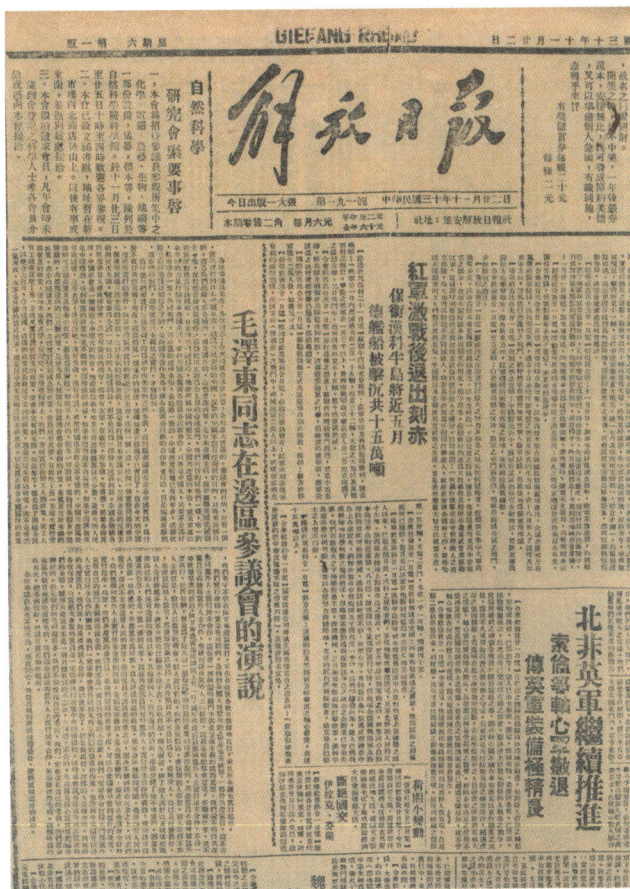

1941 年 11 月 6 日，毛泽东在陕甘宁边区参议会发表演说，指出："共产党是为民族、为人民谋利益的政党，它本身绝无私利可图。它应该受人民的监督，而决不应该违背人民的意旨。它的党员应该站在民众之中，而决不应该站在民众之上。"图为 1941 年 11 月 22 日《解放日报》刊登的《毛泽东同志在边区参议会的演说》。（中央档案馆藏）

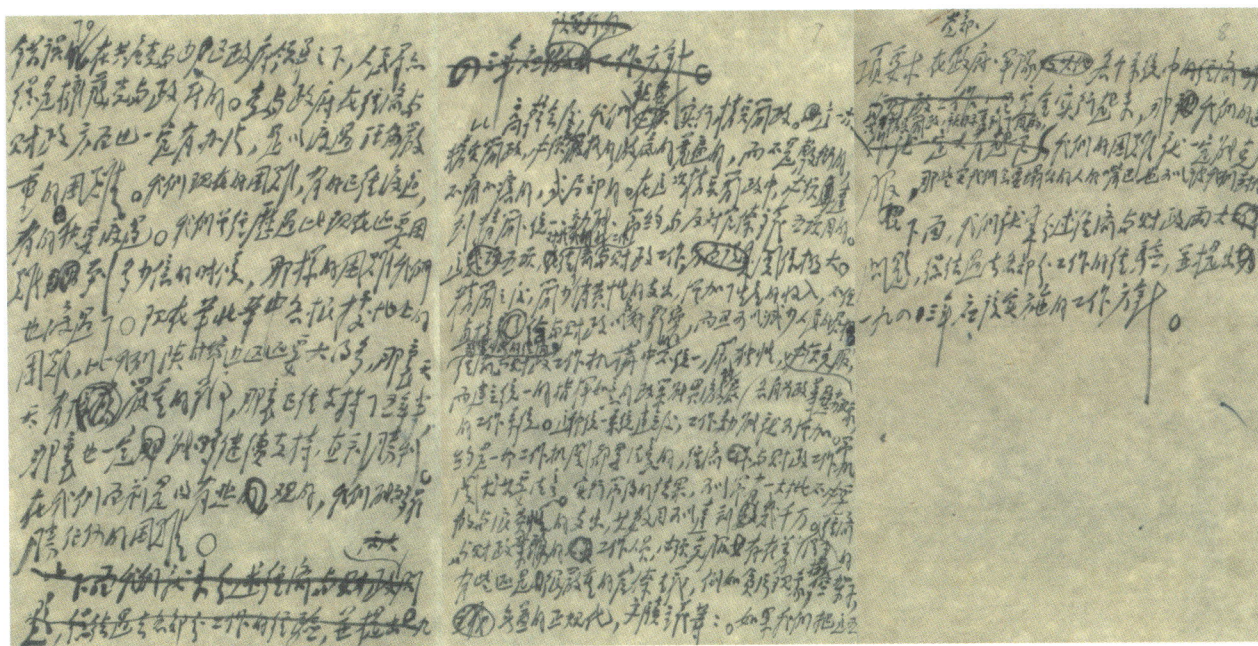

1942 年 12 月，毛泽东在陕甘宁边区高级干部会议上作题为《经济问题与财政问题》的报告，指出："一切空话都是无用的，必须给人民以看得见的物质福利。我们的第一方面的工作并不是向人民要东西，而是给人民以东西。"图为毛泽东亲笔起草的讲话稿。（中央档案馆藏）

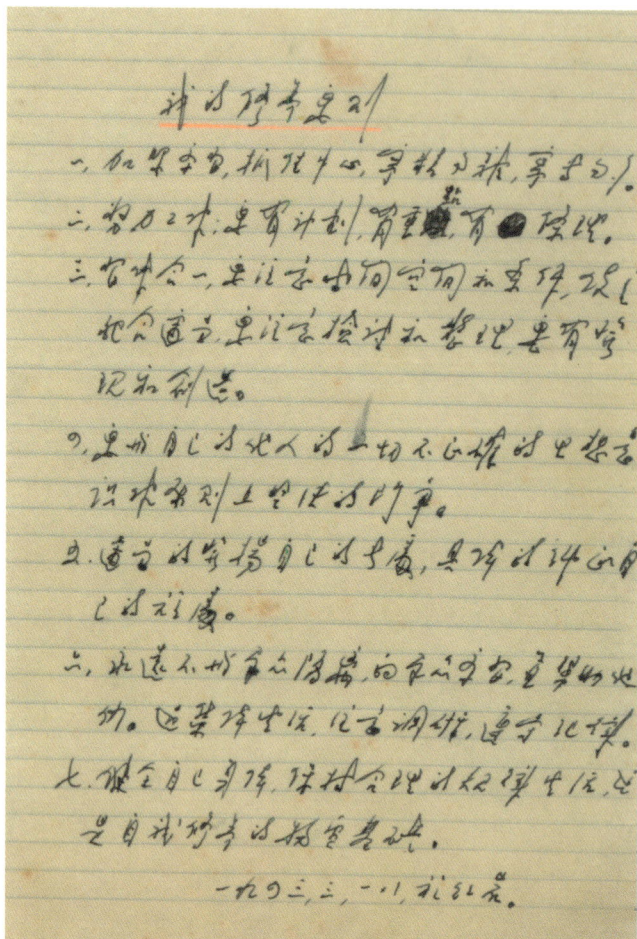

1943 年 3 月 18 日，周恩来在中共中央南方局和八路军驻渝办事处驻地重庆红岩村写下《我的修养要则》，其中第六项明确提出："永远不与群众隔离，向群众学习，并帮助他们。"（中央档案馆藏）

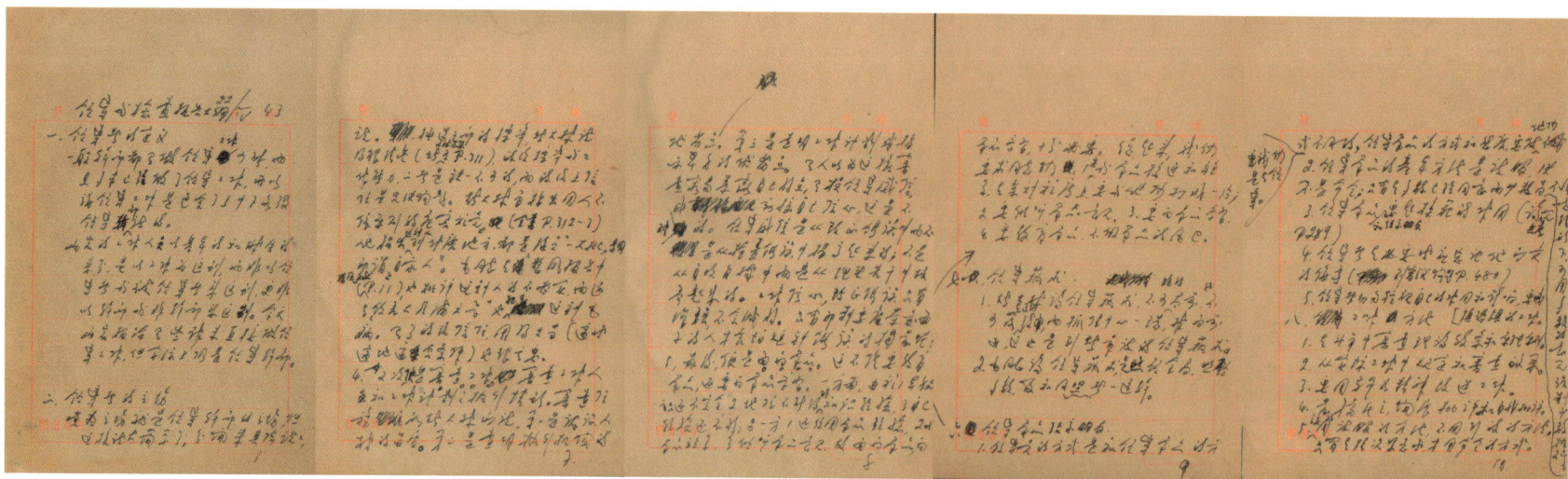

1943 年 4 月，周恩来为中共中央南方局干部作报告，他为这次报告拟写了发言提纲《领导与检查报告大纲》并指出："领导者要相信群众力量。要面向群众，不仅要教育群众，还要向群众学习。"提纲中还将"领导群众，结交朋友"列为一个专门的问题，其中指出："领导群众的方式和态度要使他们不感觉我们是在领导。"图为周恩来亲笔起草的《领导与检查报告大纲》讲话稿。（中央档案馆藏）

在我党的一切实际工作中，凡属正确的领导，必须是从群众中来，到群众中去。

——摘自《中共中央关于领导方法的决定》

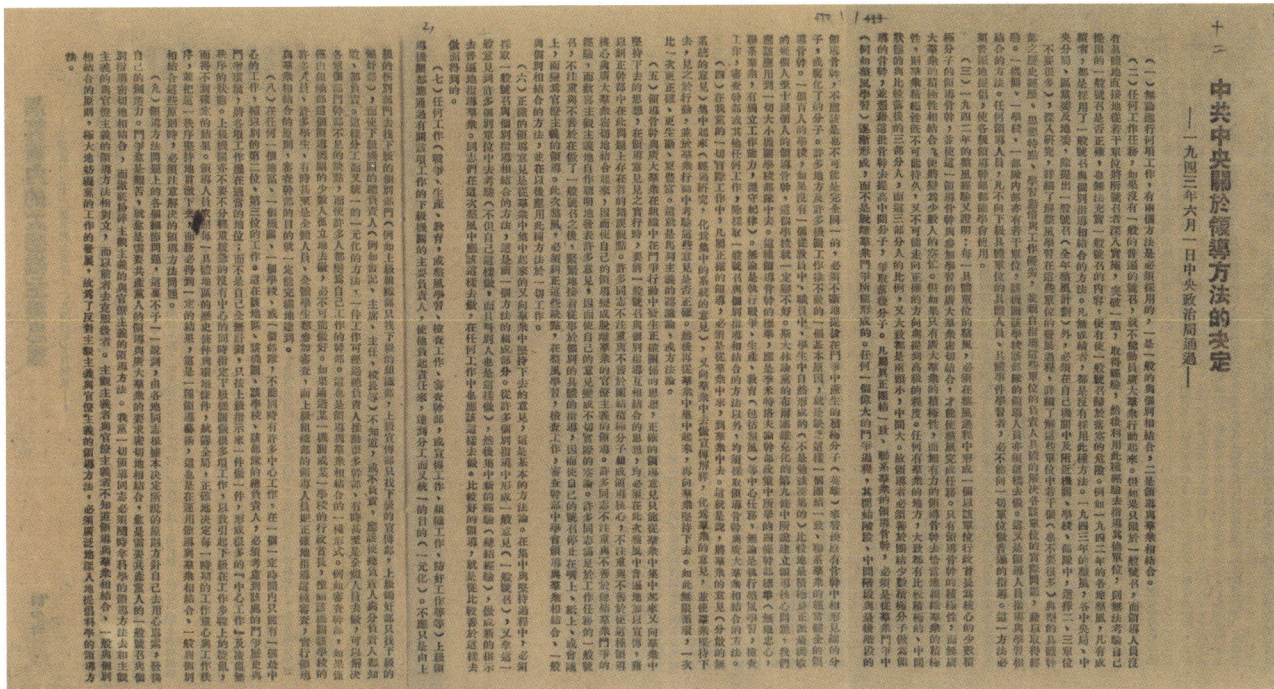

1943 年 6 月 1 日，中共中央政治局通过了毛泽东起草的《中共中央关于领导方法的决定》，指出："我们共产党人无论进行何项工作，有两个方法是必须采用的，一是一般和个别相结合，二是领导和群众相结合。""在我党的一切实际工作中，凡属正确的领导，必须是从群众中来，到群众中去。"图为《中共中央关于领导方法的决定》较早的公布版本。（中央档案馆藏）

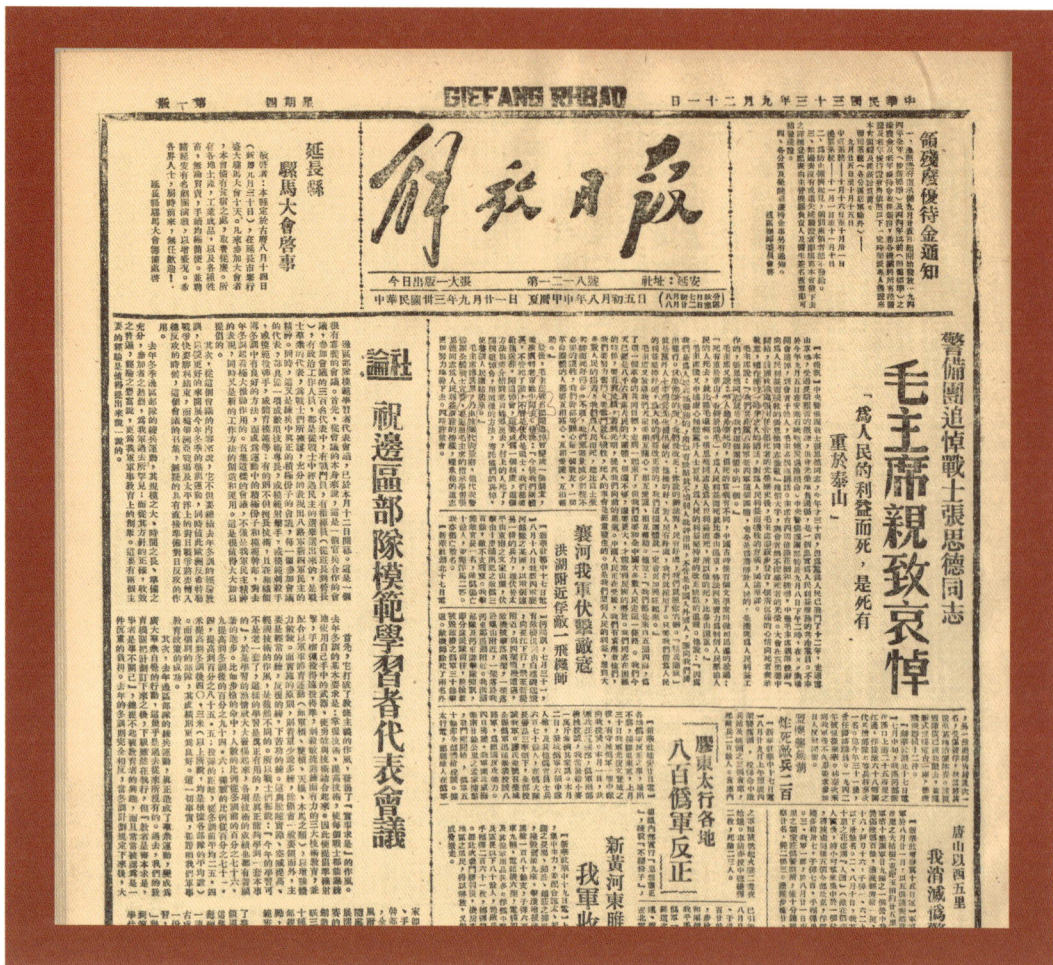

张思德（1915—1944），四川仪陇人，实践我党我军全心全意为人民服务宗旨的光辉典范。1933年参加中国工农红军，后随部队长征。1937年加入中国共产党。1938年任中央军委警卫营通信班长。1942年服从组织分配，调中央警备团第一连当战士，在毛泽东内卫班执行警卫任务。1944年9月5日，在陕北安塞县山中执行烧炭任务时，因炭窑崩塌不幸牺牲。9月8日，毛泽东在中央警备团追悼张思德的会议上作了题为《为人民服务》的著名讲演，指出："我们的共产党和共产党所领导的八路军、新四军，是革命的队伍。我们这个队伍完全是为着解放人民的，是彻底地为人民的利益工作的。张思德同志就是我们这个队伍中的一个同志。"图为1944年9月21日《解放日报》刊登的《警备团追悼战士张思德同志——毛主席亲致哀悼》。（中央档案馆藏）

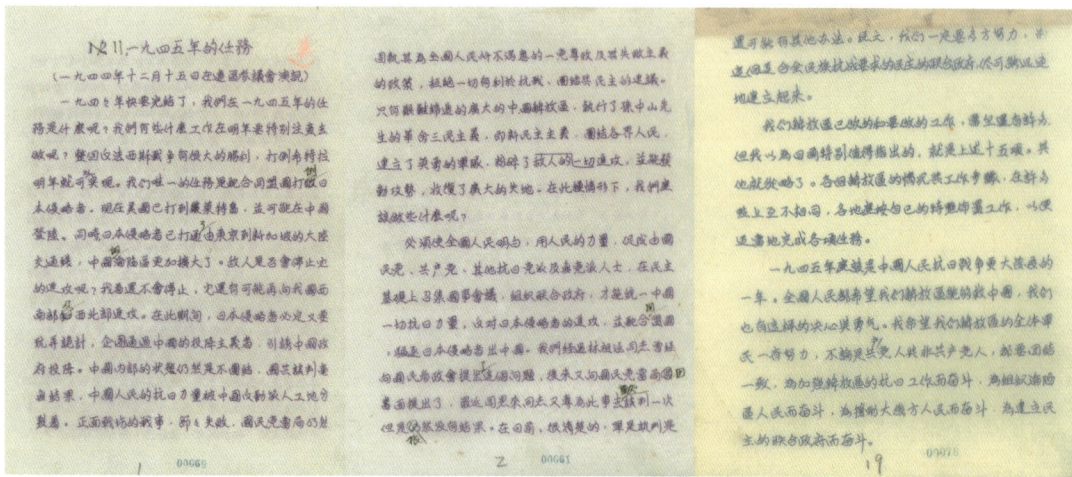

1944年12月15日，毛泽东在陕甘宁边区参议会上发表题为《一九四五年的任务》的演说，指出："我们的一切干部，不论职位高低，都是人民的勤务员，我们所做的一切，都是为人民服务，我们有些什么不好的东西舍不得丢掉呢？"图为《一九四五年的任务》较早的记录整理稿本。（中央档案馆藏）

军爱民，民拥军，军民鱼水情

群众自发组成的担架队，将前线的八路军伤员抬往后方医院。

1945 年冬，八路军战士在河北省怀来县帮助群众推碾子。

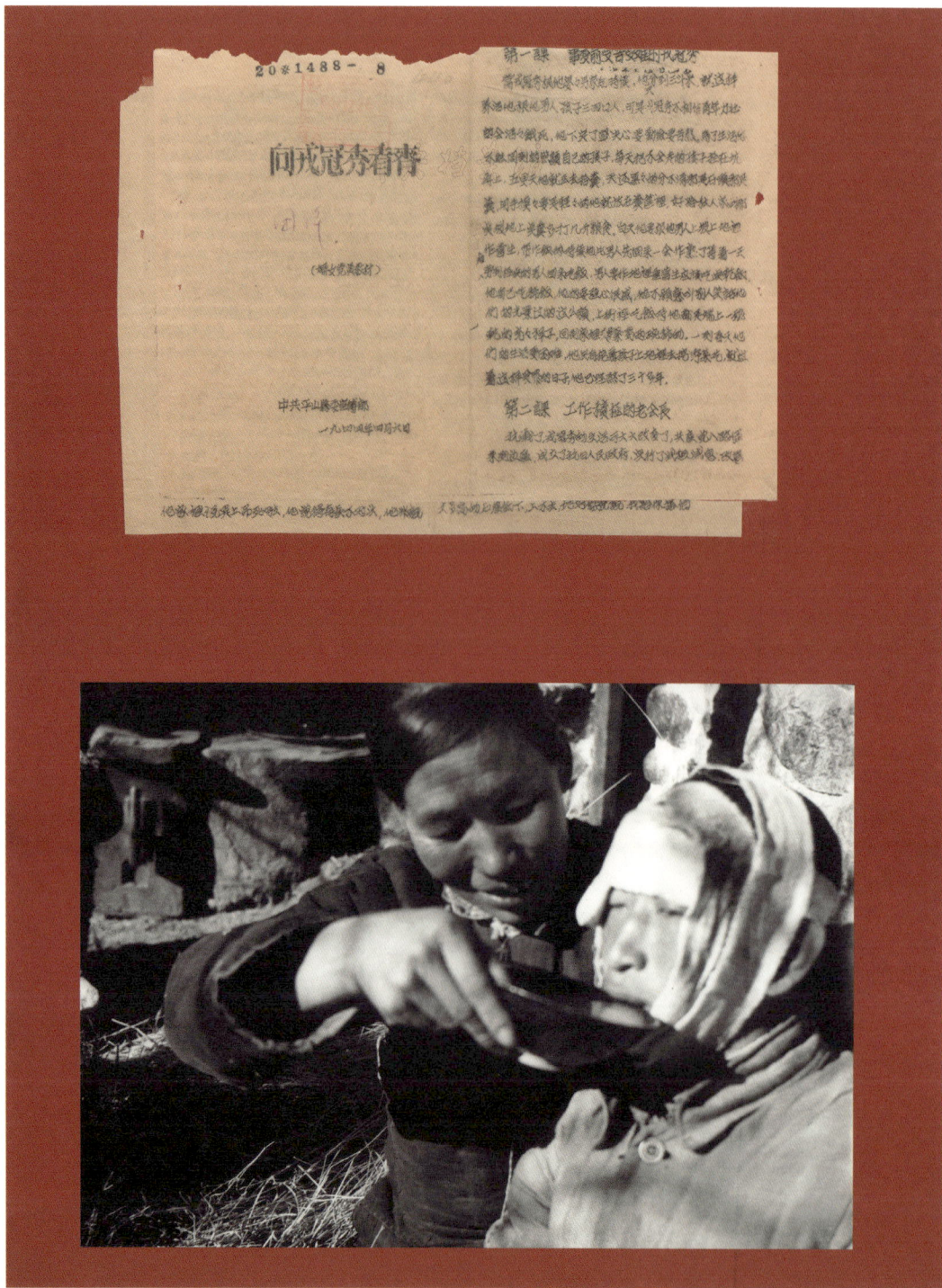

戎冠秀（1896—1989），女，河北平山人。1938年加入共产党。抗战时期，任平山县下盘松村妇女救国会会长、八路军伤病员转运站站长。在残酷的对敌斗争中，她带领全村妇女积极拥军支前，救护伤员。1944年2月出席晋察冀边区第一届群英大会，被授予"北岳区拥军模范——子弟兵的母亲"光荣称号。图为戎冠秀悉心照料八路军伤病员及1944年4月6日中共平山县委宣传部关于"向戎冠秀看齐"的学习材料。（中央档案馆藏）

中国共产党领导下的上海民众抗日救亡运动

1931 年 12 月 6 日，在中共地下党组织领导下，上海 54 个群众团体联合成立上海民众反日救国联合会，开展了风起云涌的抗日救亡运动。图为一·二八事变后上海民众反日救国联合会组织的沪西日商纱厂工人罢工和示威活动。

1932 年一·二八淞沪抗战期间，上海各阶层民众纷纷组织义勇军，广泛开展抗日救亡工作。图为上海市民义勇军大刀队整装待发。

在中国共产党抗日民族统一战线政策的影响和推动下，1936年5月31日，来自全国60多个救国团体的代表在上海集会，决定成立全国各界救国联合会，并讨论通过《全国各界救国联合会成立大会宣言》《抗日救国初步政治纲领》等重要文件，响应中国共产党"停止内战，一致抗日"的主张。全国各界救国联合会成立以后，做了大量卓有成效的工作，成为全民族抗战爆发前夕国民党统治区抗日运动的一面旗帜。

中国共产党领导的上海文化界救亡协会、上海职业界救亡协会等抗日团体，广泛发动和组织群众，团结和调动各方面力量全力支援抗战，大力进行抗日救亡宣传。图为上海文化界救亡协会等创办的刊物。

1937 年底，中共江苏省委成立难民工作委员会（简称"难委"），通过上海的慈善团体，派出大批干部到各难民收容所开展抗日宣传工作。图为难童在收容所唱抗日歌曲。

1938 年初夏，根据中共中央东南局的指示，中共江苏省委难委以"移民垦荒、疏散难民"的合法名义，在上海各难民收容所开展公开和秘密相结合的组织动员工作，动员难民前往皖南参加新四军。图为工华难童收容所的 24 名难童参加新四军前集体留影。

1937年9月，上海劳动妇女战地服务团成立，首批团员11人，多为党领导下的女工夜校的学生。她们在淞沪前线慰问演出，被誉为"战地上的一朵红花"。图为服务团首批团员合影。

陸軍新編第四軍司令部用箋

陸軍新編第四軍司令部用箋

上海市各婦女團體聯合會諸先生公鑒

敬煩交

上海市各婦女團體聯合會 公啟

陸軍新編第四軍司令部緘

收據

茲收到

姜平先生捐助本軍

萬金油六打

奎寧丸三瓶

整此據

中華民國廿七年十二月二日

陸軍新編第四軍軍長葉挺副軍長項英國平

政治部主任

1938 年 12 月 2 日，新四軍軍長叶挺、副軍长项英致上海市各妇女团体联合会的感谢信及给妇女界代表姜平（中共党员）的捐赠收据。

上海沦陷后，因物价飞涨，货币贬值，人民生活异常困苦。1939 年 6 月 18 日，中共江苏省委发出《关于维护与改善上海人民生活的决定》，指出应把抗日救亡运动与改善群众生活联系起来，强调改善群众生活、为群众谋利益的斗争是使救亡运动更加深入与广泛开展的条件，也是党组织得以生存发展的生命线。

我们共产党人区别于其他任何政党的又一个显著的标志，就是和最广大的人民群众取得最密切的联系。

——摘自毛泽东在中共七大所作《论联合政府》的政治报告

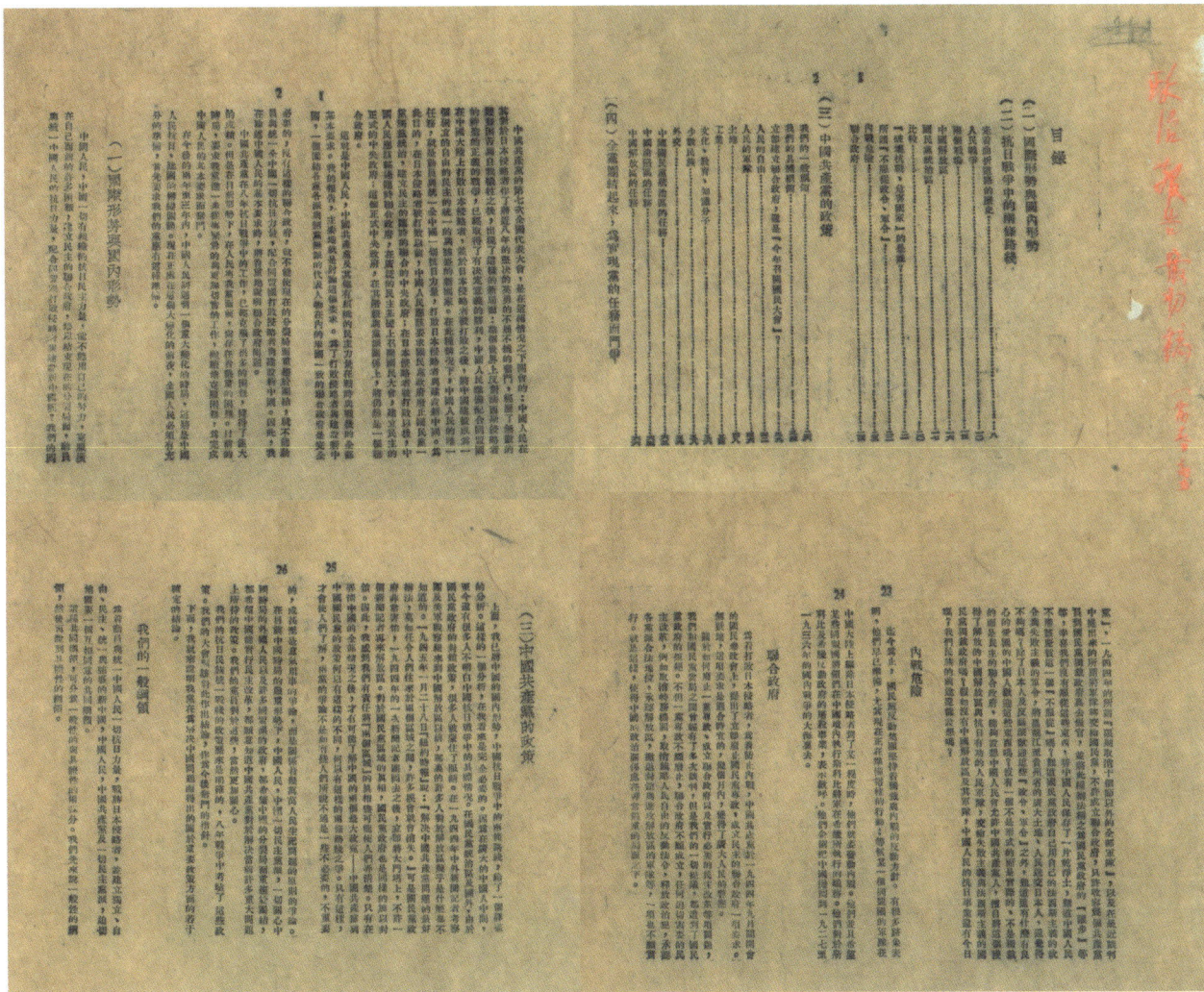

1945 年 4 月 23 日至 6 月 11 日，中国共产党第七次全国代表大会在延安杨家岭中央大礼堂召开，毛泽东在七大政治报告《论联合政府》中指出："我们共产党人区别于其他任何政党的又一个显著的标志，就是和最广大的人民群众取得最密切的联系。全心全意为人民服务，一刻也不脱离群众；一切从人民的利益出发，而不是从个人或小集团的利益出发；向人民负责和向党的领导机关负责的一致性；这些就是我们的出发点。"图为《论联合政府》较早的文本。（中央档案馆藏）

1945年5月，刘少奇在中共七大全体会议上作《关于修改党章的报告》，指出："党的群众路线，是我们党的根本的政治路线，也是我们党的根本的组织路线。每一个共产党员的思想中要牢固树立以下几个群众观点：一切为了人民群众的观点；全心全意为人民服务的观点；一切向人民群众负责的观点；相信群众自己解放自己的观点；向人民群众学习的观点。"图为《关于修改党章的报告》（初稿）。（中央档案馆藏）

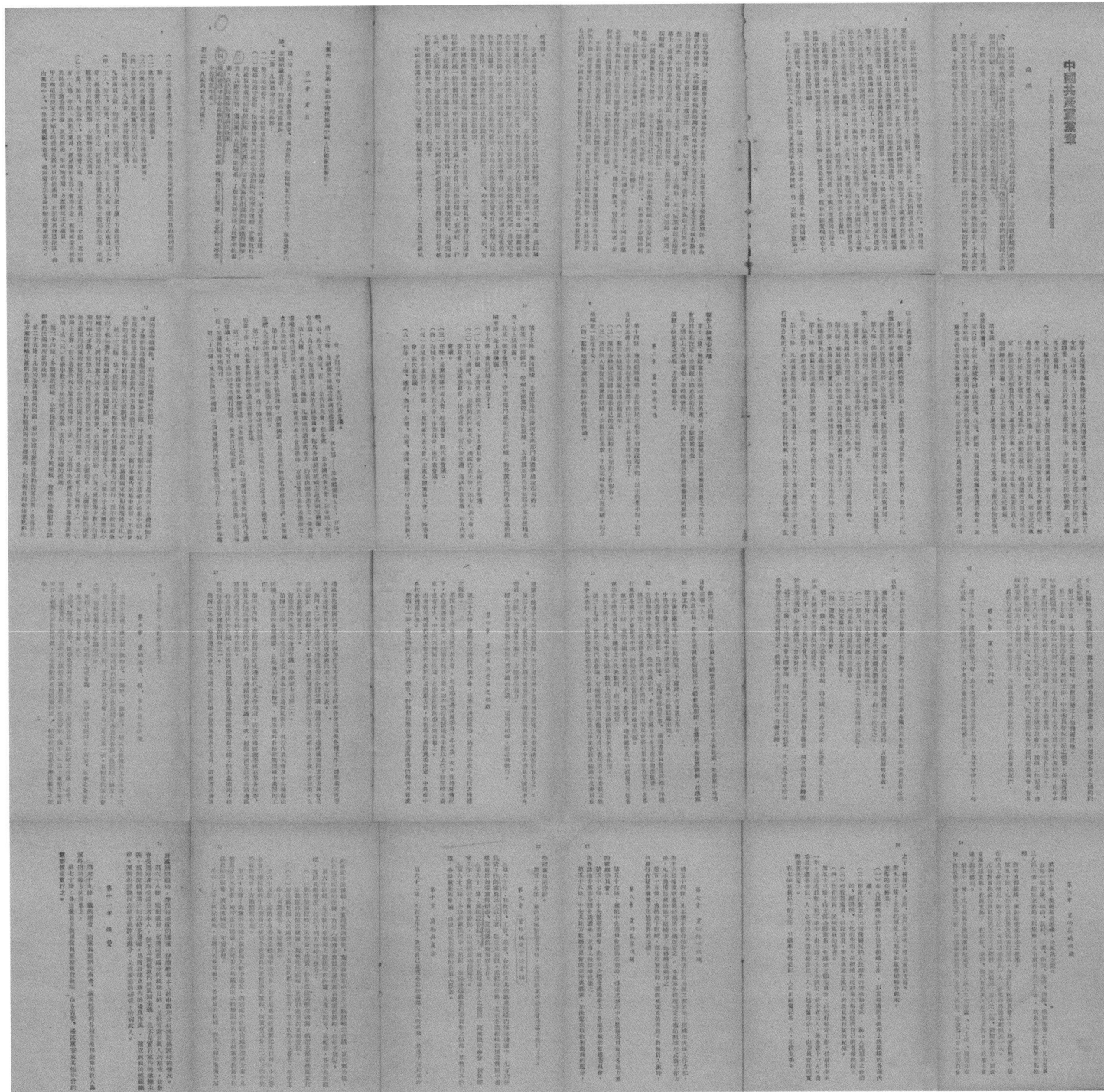

1945 年 6 月 11 日，中共七大通过了新的《中国共产党党章》，在新增的"总纲"部分里明确规定："中国共产党人必须具有全心全意为中国人民服务的精神，必须与工人群众、农民群众及其他革命人民建立广泛的联系，并经常注意巩固与扩大这种联系。每一个党员都必须理解党的利益与人民利益的一致性，对党负责与对人民负责的一致性。每一个党员都必须用心倾听人民群众的呼声和了解他们的需要，并帮助他们组织起来，为实现他们的需要而斗争。每一个党员都必须决心向人民群众学习，同时以革命精神不疲倦地去教育人民群众，启发与提高人民群众的觉悟。"图为中共七大通过的《中国共产党党章》。（中央档案馆藏）

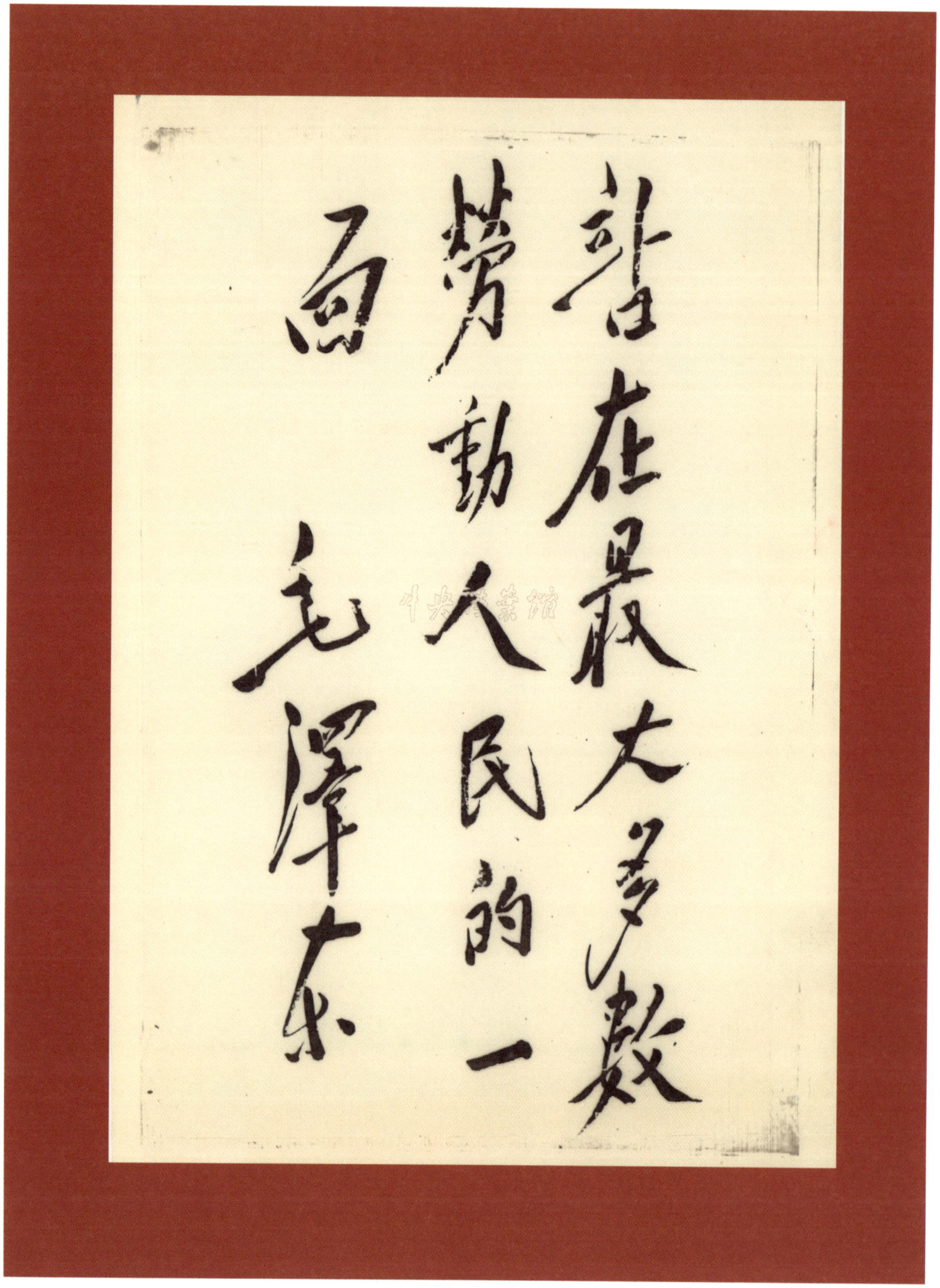

站在最大多数劳动人民的一面

毛泽东

1947年10月18日，毛泽东为陕西佳县县委题词：站在最大多数劳动人民的一面。（中央档案馆藏）

土地制度的彻底改革，是现阶段中国革命的一项基本任务。如果我们能够普遍地彻底地解决土地问题，我们就获得了足以战胜一切敌人的最基本的条件。

——摘自毛泽东《目前形势和我们的任务》

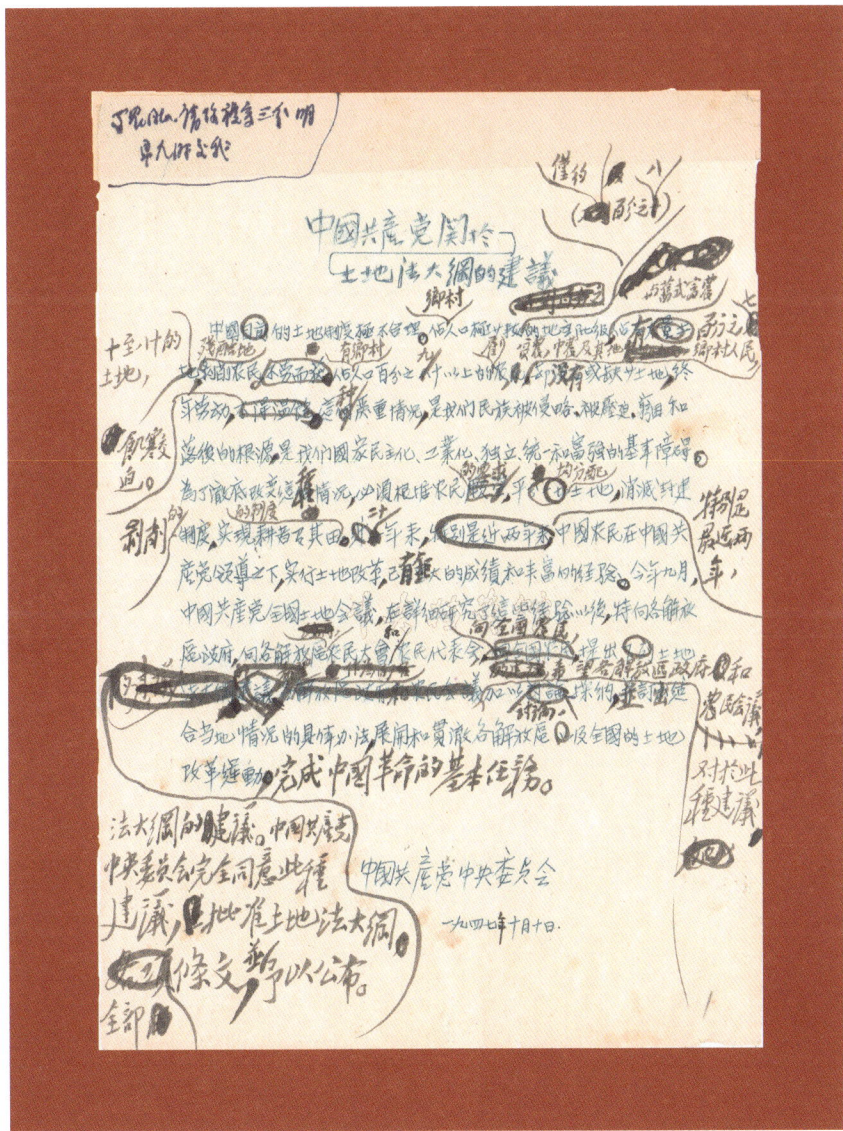

1947年7月17日至9月13日，中共中央工作委员会在河北西柏坡召开全国土地会议，通过了《中国土地法大纲（草案）》，明确规定废除封建性及半封建性剥削土地制度。10月10日，中共中央批准公布实施。《中国土地法大纲》的实施推动土改运动在各解放区广泛开展，为解放战争的顺利进行，提供了坚实的群众基础和物质基础。图为毛泽东亲自修改的《中国共产党关于土地法大纲的建议》。（中央档案馆藏）

晋察冀解放区的农民热烈拥护中国共产党的土地政策。

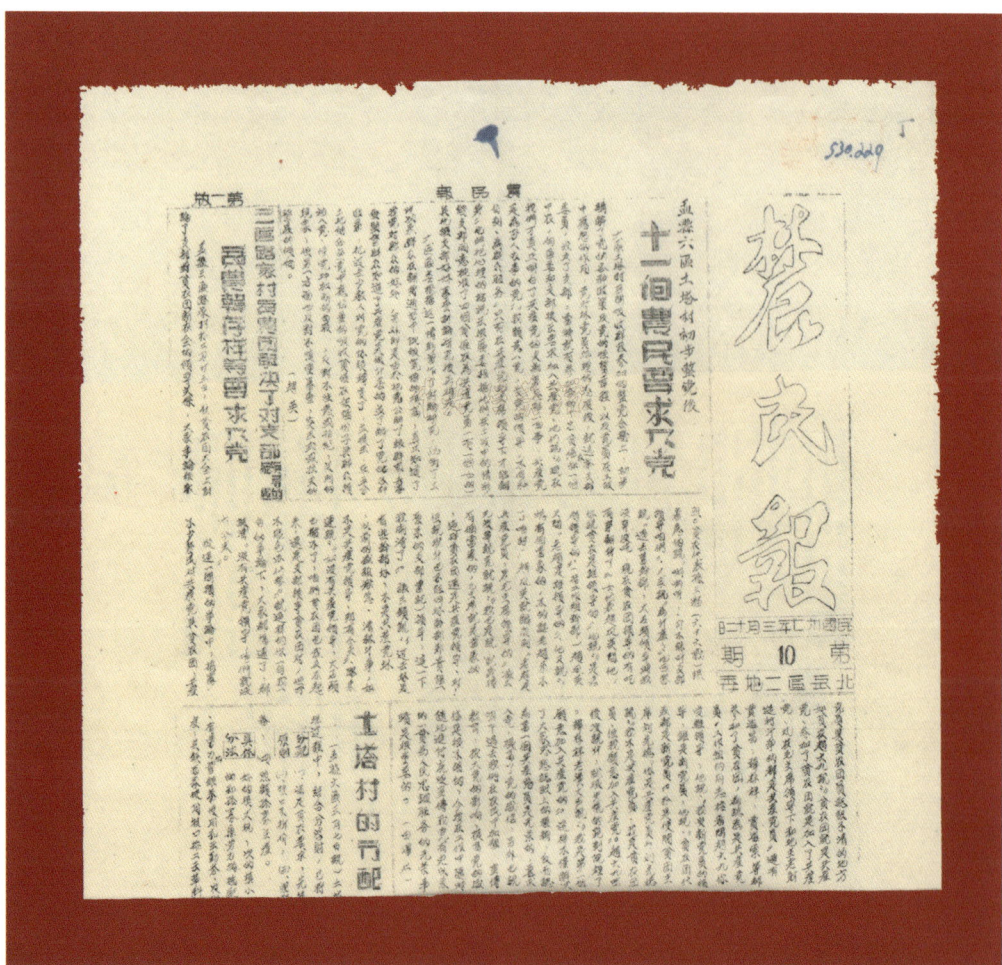

1948年3月12日，《农民报》刊登《十一个农民要求入党》，反映土地改革激发了农民群众入党的积极性。（中央档案馆藏）

1949 年 1 月，山东荣成县农民致信毛泽东主席、朱德总司令。信中写道："您是我们的救命人，我们永远不能忘掉您，永远跟着您走。……现在我们后方工作都已做好了，担架民工都英勇地急着出发。"（中央档案馆藏）

淮海战役胜利是靠老百姓用小车推出来的，渡江战役胜利是靠老百姓用小船划出来的。

——摘自《习近平总书记在党史学习教育动员大会上的讲话》

（2021 年 2 月 20 日）

为支援淮海战役我军作战，华东人民用小推车把弹药运往前线。（安徽省档案馆藏）

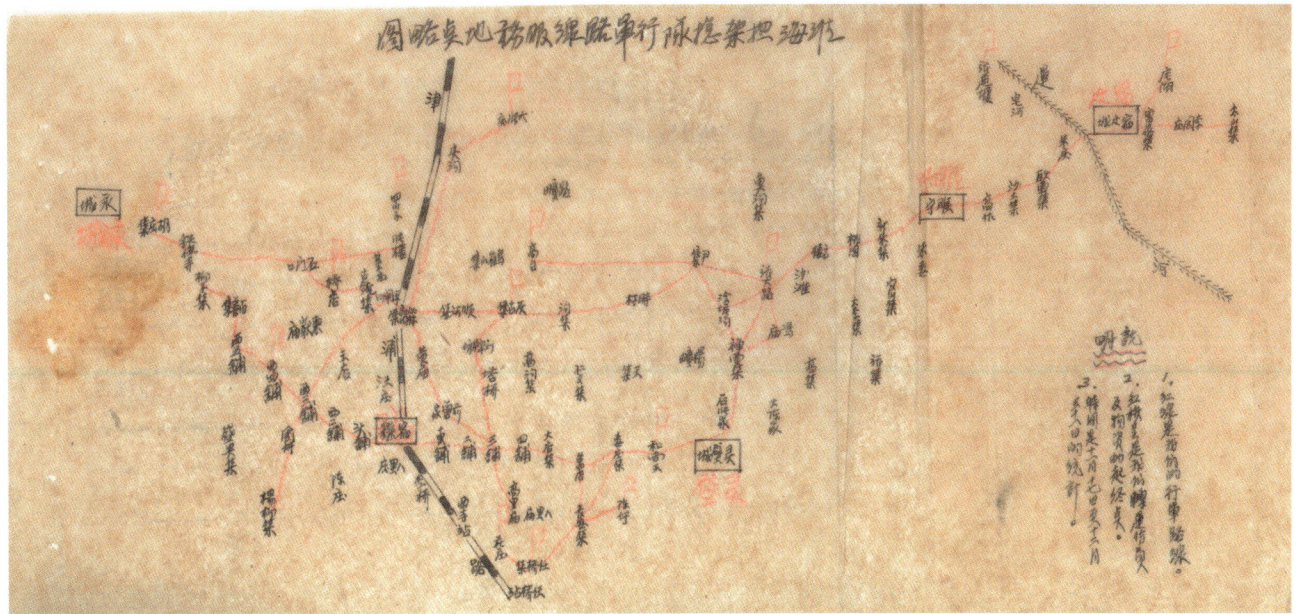

淮海担架总队行军路线服务
地点略图。（江苏省档案馆藏）

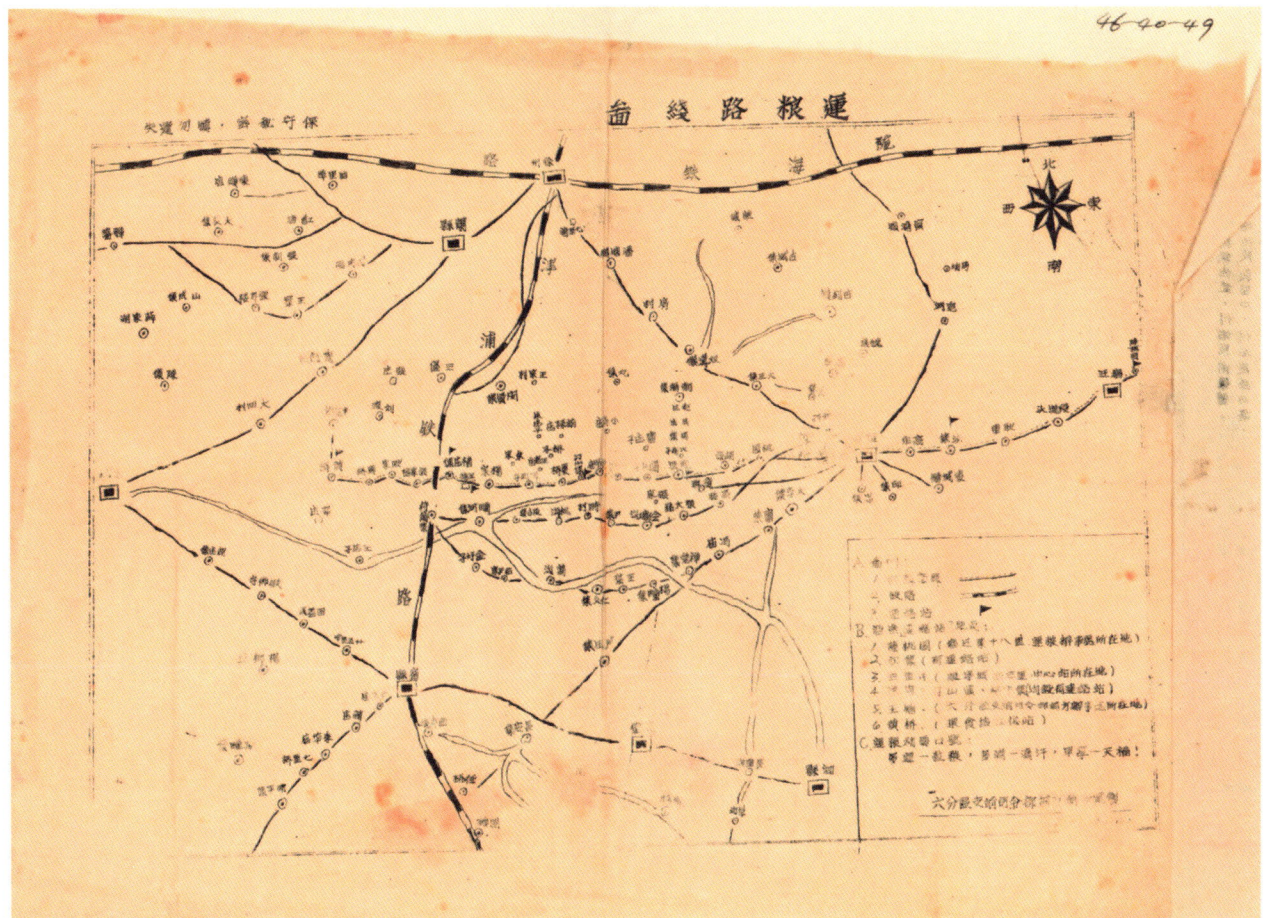

运粮路线图。（江苏省档案
馆藏）

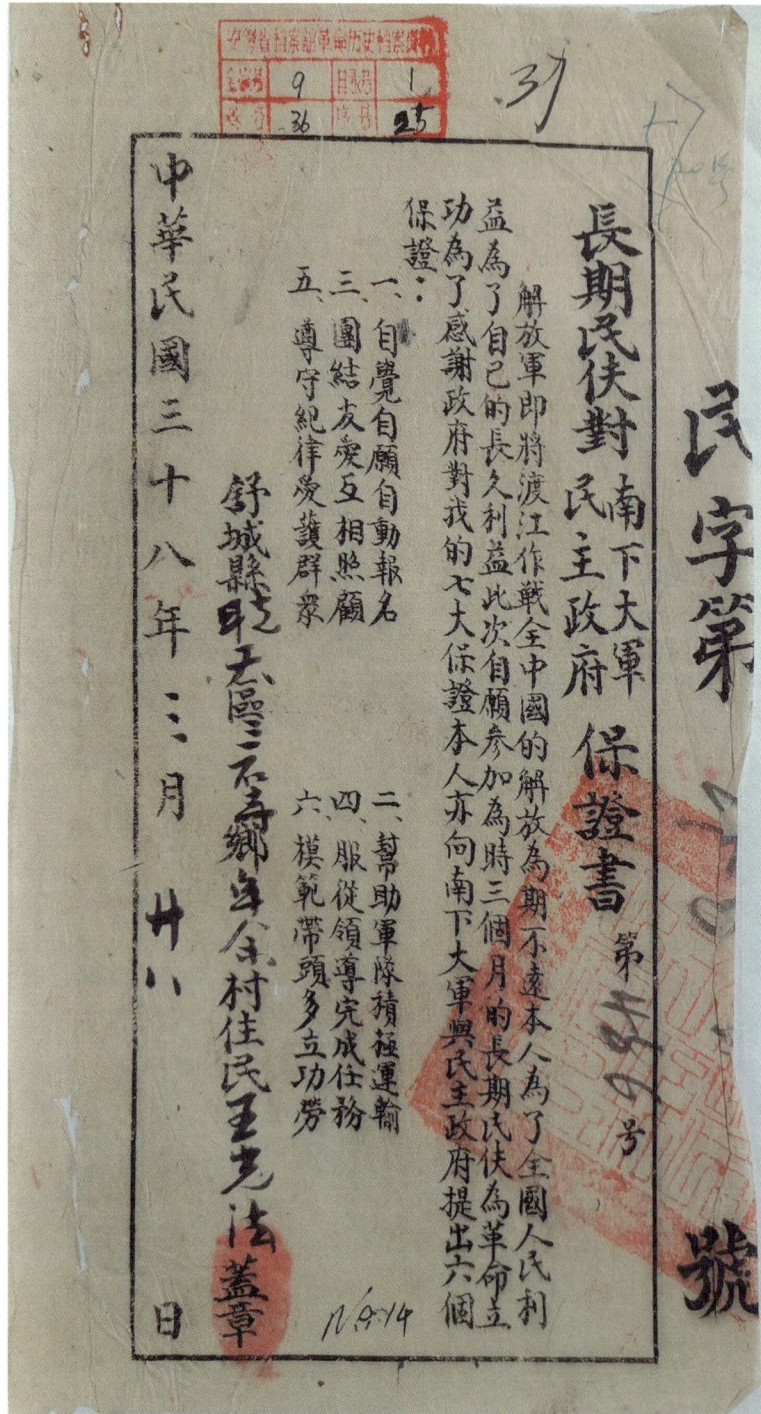

長期民伕對南下大軍民主政府 保證書　第　　號

民字第　　號

解放軍即將渡江作戰全中國的解放為期不遠本人為了全國人民利益為了自己的長久利益此次自願參加為時三個月的長期民伕為革命立功為了感謝政府對我的七大保證本人亦向南下大軍與民主政府提出六個保證：

一、自覺自願自動報名
二、幫助軍隊積極運輸
三、團結友愛互相照顧
四、服從領導完成任務
五、遵守紀律愛護群衆
六、模範帶頭多立功勞

舒城縣　區　壽　鄉　村住民王光法 蓋章

中華民國三十八年 三月 廿八 日

1949 年 3 月 28 日，安徽舒城县住民王光法自愿参加渡江战役充任长期民夫的保证书。（安徽省档案馆藏）

渡江一等功臣马毛姐。（安徽省档案馆藏）

苏北沿江群众积极为人民解放军赶修渡船。（江苏省档案馆藏）

中共叶挺县（今盐城市）县委关于动员船只256条支援人民解放军渡江的紧急通知。（江苏省档案馆藏）

当年党中央离开西柏坡时，毛泽东同志说是"进京赶考"。60 多年过去了，我们取得了巨大进步，中国人民站起来了，富起来了，但我们面临的挑战和问题依然严峻复杂，应该说，党面临的"赶考"远未结束。

——习近平总书记在河北省调研指导党的群众路线教育实践活动时的讲话

（2013 年 7 月 11 日）

1949 年 1 月 31 日，北平和平解放。图为北平人民夹道欢迎人民解放军入城。

1949年3月5日至13日，中共七届二中全会在西柏坡召开。这次会议是在中国人民革命全国胜利的前夕召开的一次极其重要的会议，确定党的工作重心由乡村转向城市，规定全国胜利后党在政治、经济、外交等方面应采取的措施，为夺取全国胜利奠定坚实基础。

毛泽东在七届二中全会上告诫全党："中国的革命是伟大的，但革命以后的路程更长，工作更伟大，更艰苦。这一点现在就必须向党内讲明白，务必使同志们继续地保持谦虚、谨慎、不骄、不躁的作风，务必使同志们继续地保持艰苦奋斗的作风。"（中央档案馆藏）

打上海，要文打，不要武打，打的不仅是一个军事仗，

也是一个出色的政治仗，不仅要消灭敌人，还要保全城市，

还要争取人心。

——毛泽东

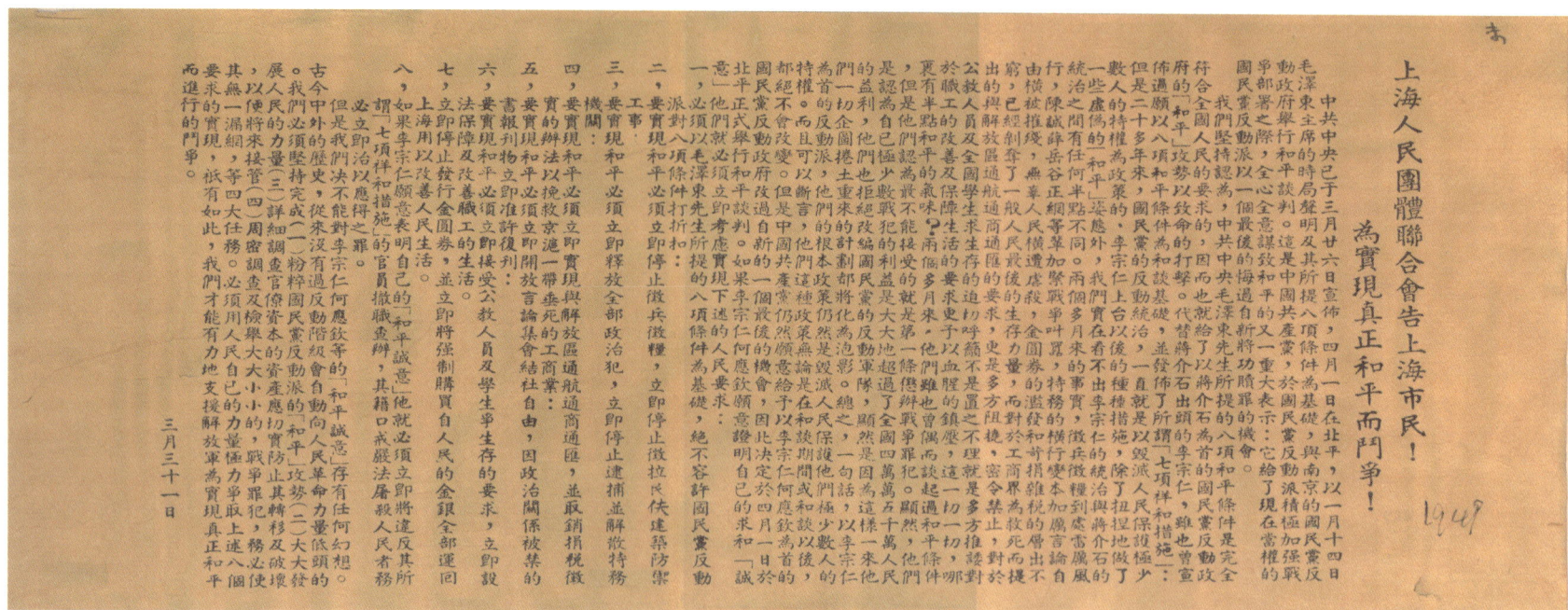

1949 年 3 月 31 日，上海人民团体联合会发布《告上海市民书》，号召全市人民支援解放军，为实现真正和平而斗争。上海人民团体联合会是在中共上海地下组织的支持和帮助下，由中国民主促进会发起，联合中国民主同盟、中国民主建国会以及上海各界各业团体共同成立的爱国民主统一战线组织，成立于 1946 年 5 月。

新中国成立前夕，中共上海市委组建了6万人的人民保安队和4万人的人民宣传队，开展护厂、护校斗争，维持社会秩序，确保城市正常运转。图为上海人民团体联合会"人民保安队"臂章。

上海党组织发动广大群众，开展反搬迁、反破坏和护厂、护校斗争，使国民党试图破坏上海、大量搬迁机器设备的阴谋未能得逞，保障了城市的正常运转。图为江南造船所工人放水淹没的船坞，工人们此举使船坞得以保全。

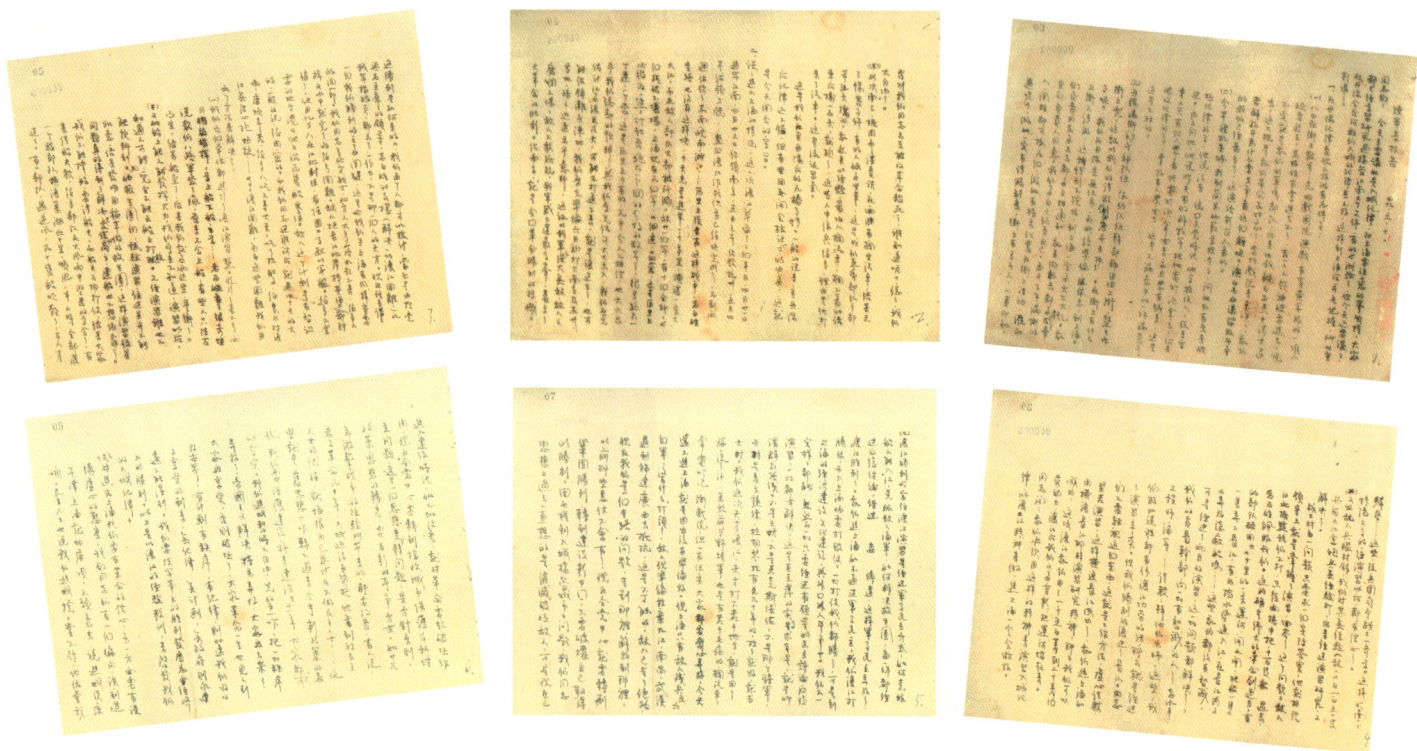

1949 年 5 月初，从各地抽调的 5000 余名干部汇集江苏丹阳进行整训，集中学习接管上海的政策和纪律。5 月 10 日，陈毅就入城纪律问题发表了著名的"丹阳讲话"，强调"入城纪律是执行入城政策的前奏，是我们解放军给上海人民的见面礼"。图为陈毅"丹阳讲话"记录稿的一部分。

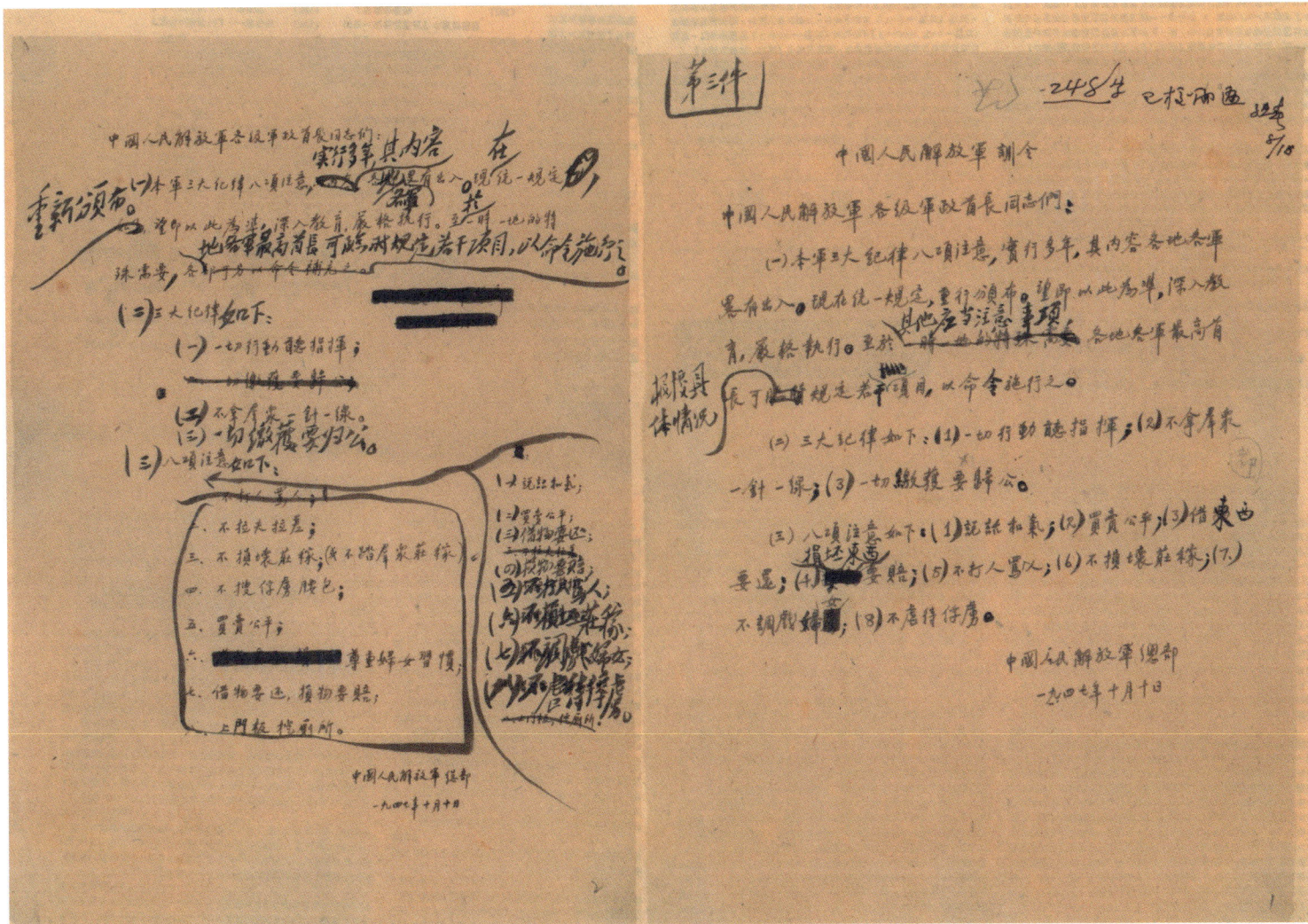

1947年10月10日，毛泽东为中国人民解放军总部起草关于重新颁布三大纪律八项注意的训令。训令中指出："本军三大纪律八项注意，实行多年，其内容各地各军略有出入。现在统一规定，重新颁布。望即以此件为准，深入教育，严格执行。"图为毛泽东在训令誊清稿上的修改。（中央档案馆藏）

1949年5月27日，上海解放。第三野战军指战员进入上海后，严格遵守《三大纪律八项注意》，表现出人民军队爱人民的精神风貌，受到上海市民的称赞。图为部队为了不惊扰市民，在街头露宿。

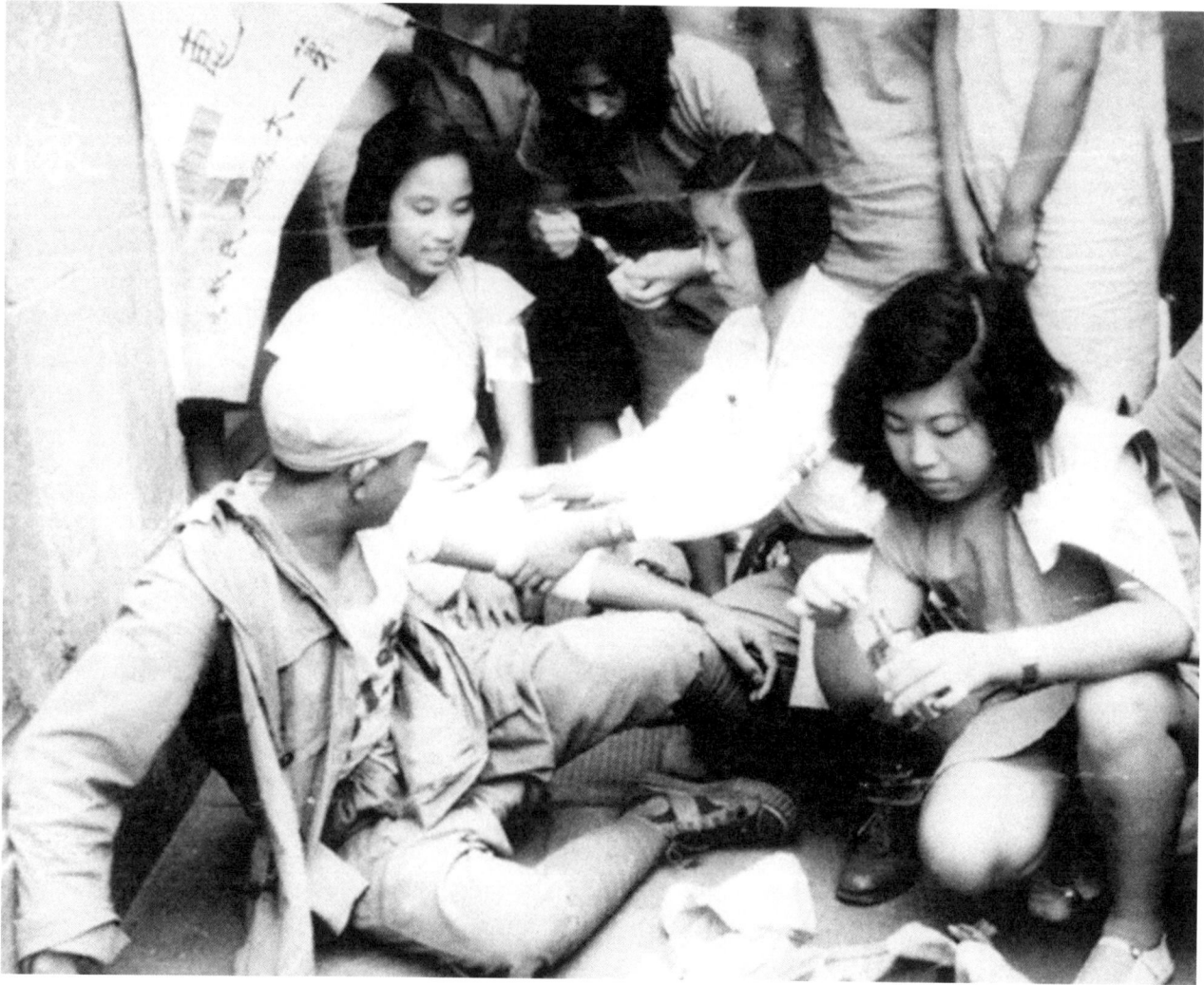

上海人民十分爱戴自己的子弟兵，组织救护队，为受伤的战士包扎伤口。

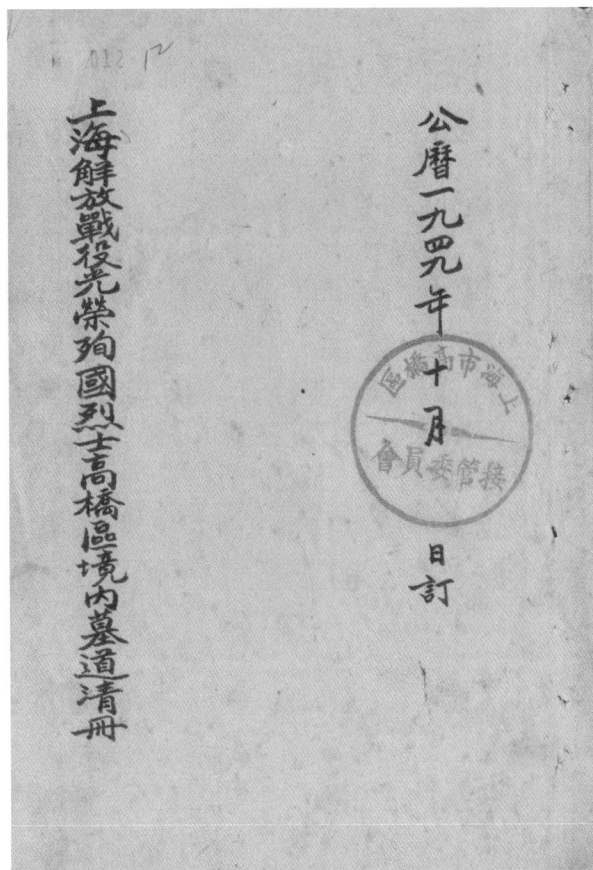

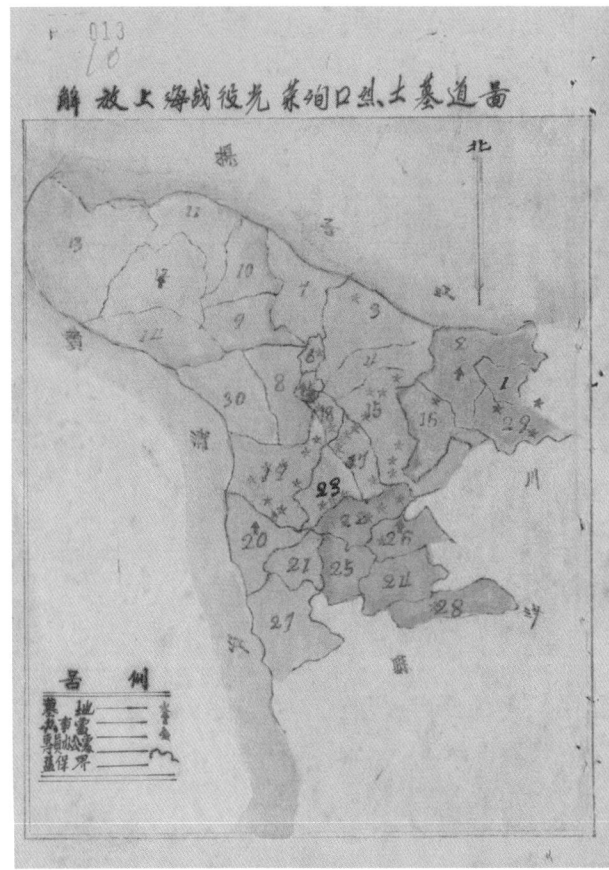

解放上海战役期间，为了这座中国最大的经济中心完好无损地交还到人民手中，解放军官兵克服困难、英勇作战、不怕牺牲，共有7613名指战员献出了宝贵的生命。图为上海高桥区（今属浦东新区）境内牺牲烈士的墓道图、解放上海战役殉国烈士籍职部别统计表。

2

改天换地：
社会主义革命和建设的成就
是人民群众干出来的

2021 年 2 月 20 日，习近平总书记在党史学习教育动员大会上指出："社会主义革命和建设的成就是人民群众干出来的。"1949 年 10 月 1 日，从这个标示改天换地的日子开始，受压迫、受奴役的中国人民从此成了新国家、新社会的主人。新中国成立后，中国共产党团结带领各族人民自力更生、艰苦奋斗，克服各种艰难险阻，仅仅用三年时间，就把国民经济恢复到旧中国历史的最高水平，又通过社会主义改造和社会主义建设，把一个一穷二白、积贫积弱的旧中国，变成一个生机勃勃、奋发前进的社会主义新中国。

　　1949 年 5 月 27 日，上海解放，开启了城市历史崭新的一页。在中国共产党的领导下，上海人民用勤劳、勇敢、智慧，使上海的经济、社会发展水平和人民的生活质量得到显著提升，城市面貌发生了根本性变化。

1949年7月6日，上海举行"纪念七七，庆祝解放"军民联合大游行。

1949 年 12 月，黄浦区宝兴里居民福利委员会成立。1951 年 4 月，改为居民委员会。居委会的成立，结束了几千年的封建保甲制度，标志着基层民主自治正式走上历史舞台。

1951 年 6 月，普陀区梅芳里居委会成立。图为《梅芳里群众发动组织的初步成就》。

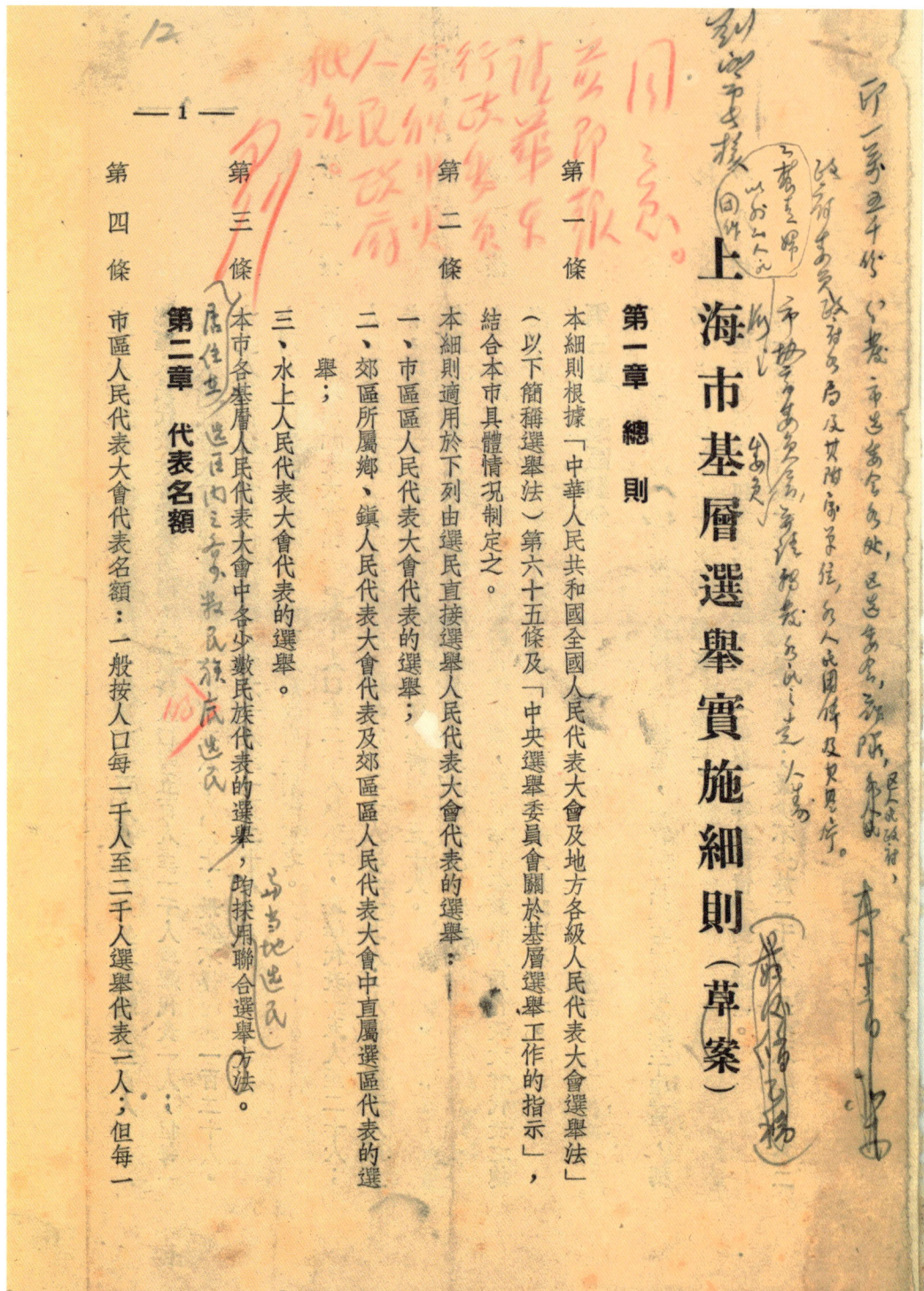

上海市基層選舉實施細則（草案）

第一章 總則

第一條 本細則根據「中華人民共和國全國人民代表大會及地方各級人民代表大會選舉法」（以下簡稱選舉法）第六十五條及「中央選舉委員會關於基層選舉工作的指示」，結合本市具體情況制定之。

第二條 本細則適用於下列由選民直接選舉人民代表大會代表的選舉：
一、市區區人民代表大會代表的選舉；
二、郊區所屬鄉、鎮人民代表大會代表及郊區區人民代表大會直屬選區代表的選舉；
三、水上人民代表大會代表的選舉。

第三條 本市各基層人民代表大會中各少數民族代表的選舉，酌採用聯合選舉方法。

第四條 市區人民代表大會代表名額：一般按人口每一千人至二千人選舉代表一人；但每一

第二章 代表名額

1953 年 8 月 13 日，上海市选举委员会第三次全体（扩大）会议通过了《上海市基层选举实施细则》。图为《细则》修改稿（部分）。

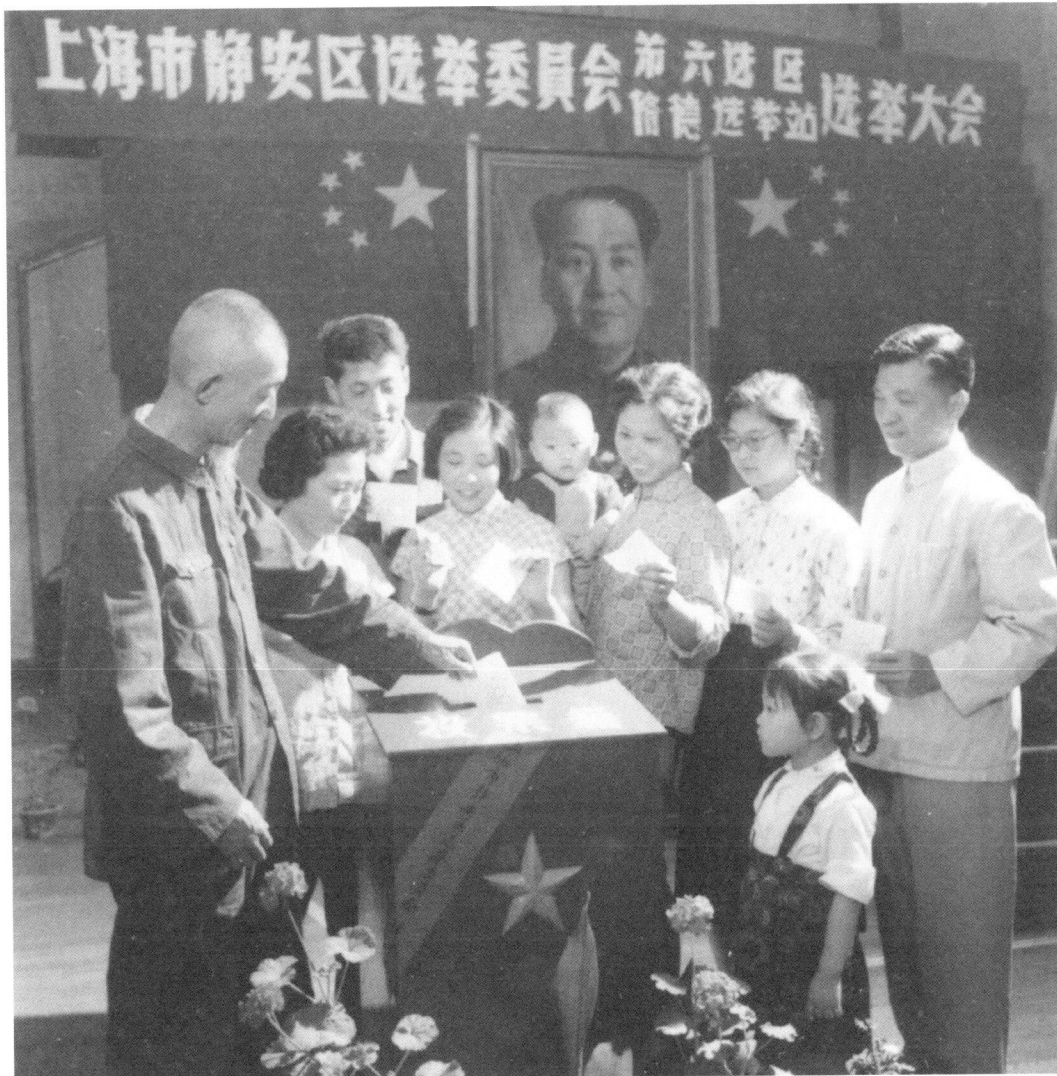

1953 年冬至 1954 年春，上海开展了新中国成立后的第一次普选人民代表，由选民直接选举产生第一届区、乡两级人民代表大会代表。

克服困难、维持生产

1949年6月至1950年5月，国民党当局派军机频繁空袭上海地区，使上海人民生命财产受到严重伤害和损失。江南造船厂、杨树浦发电厂、闸北水电公司等重要企业均遭受严重破坏。图为空袭后残垣断壁的民房。

1949年7月初，不法投机商利用外棉进口困难和粮食紧张的时机，掀起以大米、纱布、煤炭（两白一黑）为主的"七月涨风"，生活物资价格快速上涨。在中共中央的支持和统一调度下，粮食、煤炭、纱布物资源源不断运抵上海，迅速平抑了物价，使得上海人民的生活秩序重新恢复正常。图为各地煤炭运抵上海。

为支持国家经济恢复与发展，广大上海市民踊跃将黄金白银兑换成人民币。

1950年，中央人民政府发行人民胜利折实公债。上海人民积极购买公债，支援经济建设。

陈毅市长题词："上海人民应发挥自己的力量完成克服困难建设新上海的任务！"（1950年）

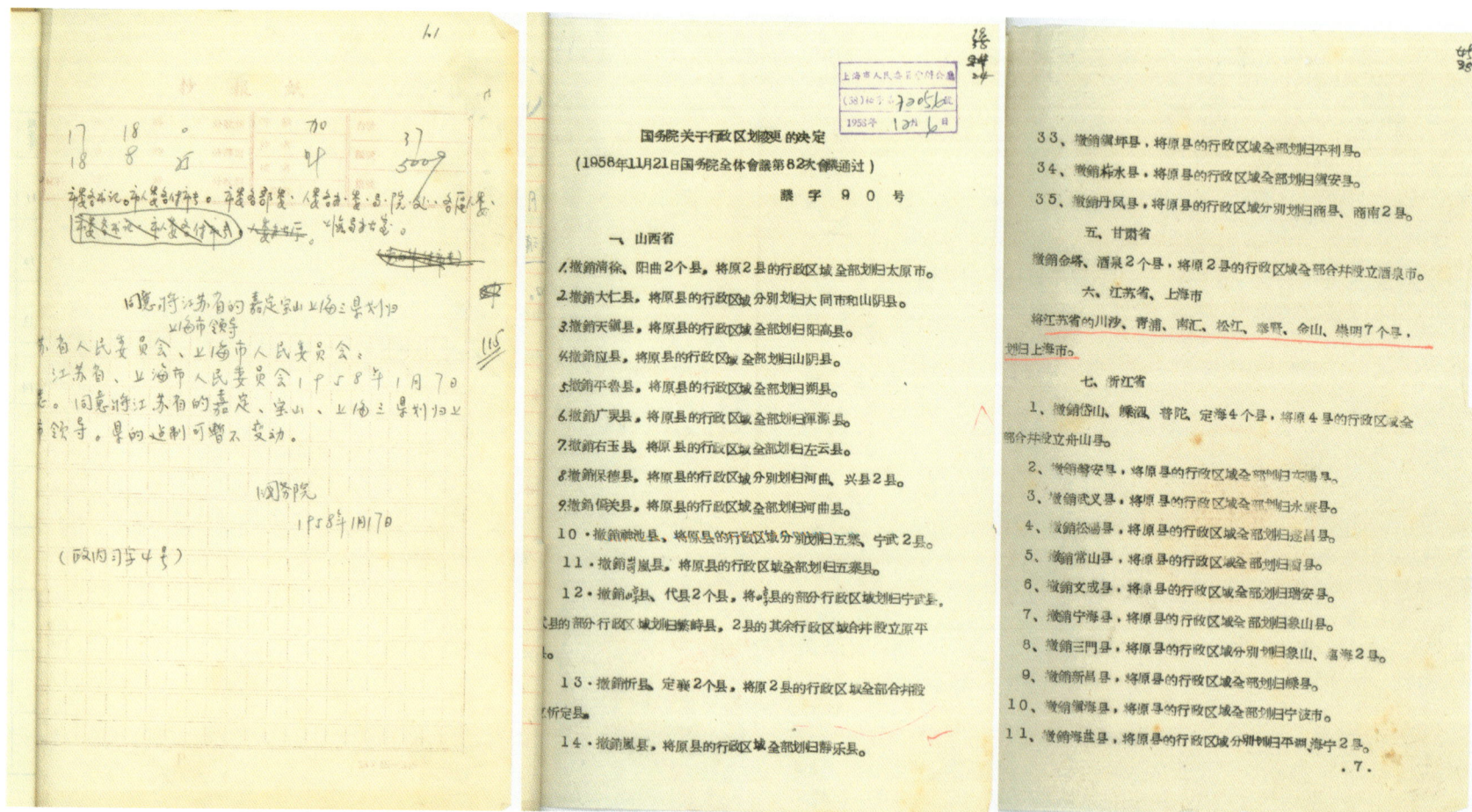

1957年12月，中共上海市第一届第二次代表大会决定"在上海周围建立卫星城镇，分散一部分工业企业，减少市区人口过分集中"。1958年，国务院先后两次批准将江苏省的宝山、嘉定、川沙等10个县划归上海市，为卫星城的规划和建设提供了条件。

上海的卫星城规划和建设首先从闵行开始，而闵行卫星城建设以"闵行一条街"工程为标志。图为1959年国庆前夕建成的"闵行一条街"（今江川路）。

城市建设为生产服务、为劳动人民服务、首先为工人阶级服务

始建于 1951 年的曹杨新村，是新中国成立后上海第一批改善劳动人民居住条件的"样板工程"，是陈毅市长亲自拍板的实事工程。

今日曹杨新村鸟瞰。（普陀区档案馆提供）

1953年，在沪西、沪东和沪南的工厂区附近，一批工人住宅拔地而起，近10万工人的居住困难得以解决。这批住宅共计2000个单元，每单元可住10户，此即上海人习称的"两万户"。图为1952年8月15日召开的两万户工人住宅开工大会。

20世纪五六十年代上海的一户普通工人家庭。

蕃瓜弄位于闸北区（今静安区）天目西路大统路一带，曾是上海人口密度最大的棚户区。图为1958年改造前的蕃瓜弄全景。（静安区档案馆提供）

20世纪80年代蕃瓜弄新貌。

闸北区蕃瓜弄163户居民动迁情况汇报

市人委公用事业办公室：

　　本区蕃瓜弄的改造动迁工作根据市人委的指示，我们会同市城建局、市房地局、市规划院等单位组成改迁领导小组并抽调事取干部，进行了三个多月的动迁具体工作取得了一定的成绩，通过实际工作锻炼了干部丰富了经验，在工作作风和工作方法上有了不断的改进，由于动迁工作的艰巨性复杂认识不足，工作进程中产生了一些问题。现将八月底以前的163户居民动迁安排工作情况和初步体会综合报告如下。

一、工作情况。

　　（1）广泛宣传改造蕃瓜弄的重大政治意义和经济意义，深入调查摸底每户居民政治经济状况发动群众自报重置方案。

　　我们根据先党干后群众、先职工后家属、由少到多由小到大逐步推开的原则，但六月十八日起先多后由区人委负责同志召开里弄干部和部份积极分子会议，说明改造蕃瓜弄的意义以及与蕃瓜弄群众的关怀，如何协助政府做好改迁工作即动员重置择业等工作。由于蕃瓜弄的居民绝大部份是劳动人民翻身感较强因此社会上纷纷表示热烈拥护并感谢党与政府的关怀，决心协助政府做好动迁工作。会后又向小组长作了动员、组织讨论，在干部积极分子动员的基础上，以二个居民小组为试点先行，以积累经验逐步推广。通过层层动员广大居民群众对改迁意义和自己应有的态度有了进一步认识，普遍反映良好，认为这次动迁同过去不同，道理讲的更火，困难也摆开来，在讨论中提出了不少问题，如住职工房经济困难、拆迁补偿等价格问题、几代同堂同户要求分配时吵闹问题、两调问题、要求回蕃瓜弄问题等。经过反复讨论一致认为国家经济还有困难，住房还比较少，分配房屋标准也只能适当改善，略宽于原住面积，至于经济困难户和两调户建议政府尽力调正解决，总之要求顾全大局个人服从国家，眼前服从长远，克服局部困难。经过这样反复宣传介释及群讨论后绝大部份居民均表示热烈拥护政府的改迁和动迁布告，感谢政府帮助他们实现多年来住房翻身的愿望表示一定协助政府共同克服具体困难。对少数还有意见的住户里弄干部和我们工作组的同志都进行了个别访问通过群众进行教育。

　　在统一思想认识的基础上，我们对566户居民进一步制订摸底情况、动迁

"上海龙须沟"的蜕变

上海解放前，肇嘉浜有棚户 2000 余户、居民约 8000 人，是旧上海最大的水畔棚户区，有"上海龙须沟"之称。

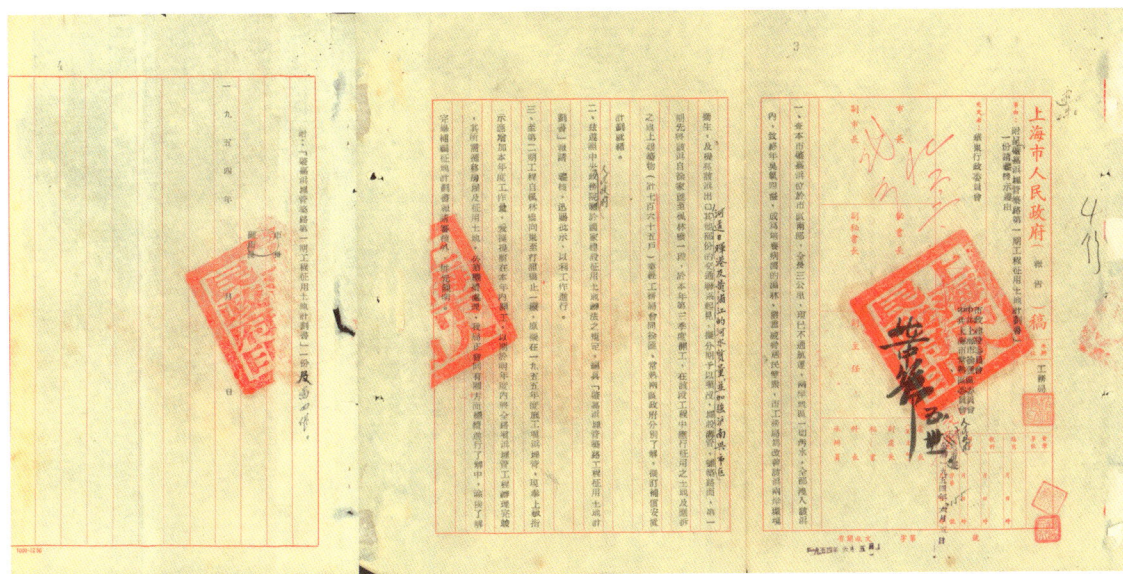

为改善周边居民的居住环境，1954 年，上海市人民政府决定改造肇嘉浜，填没河道，修建双向车道和街心花园。图为 1954 年上海市人民政府关于肇家浜填浜埋管筑路工程的报告。

1956 年，肇嘉浜改造工程竣工，昔日的臭水浜变成了上海西南部的一条东西向主干道。

连通浦江两岸的打浦路隧道

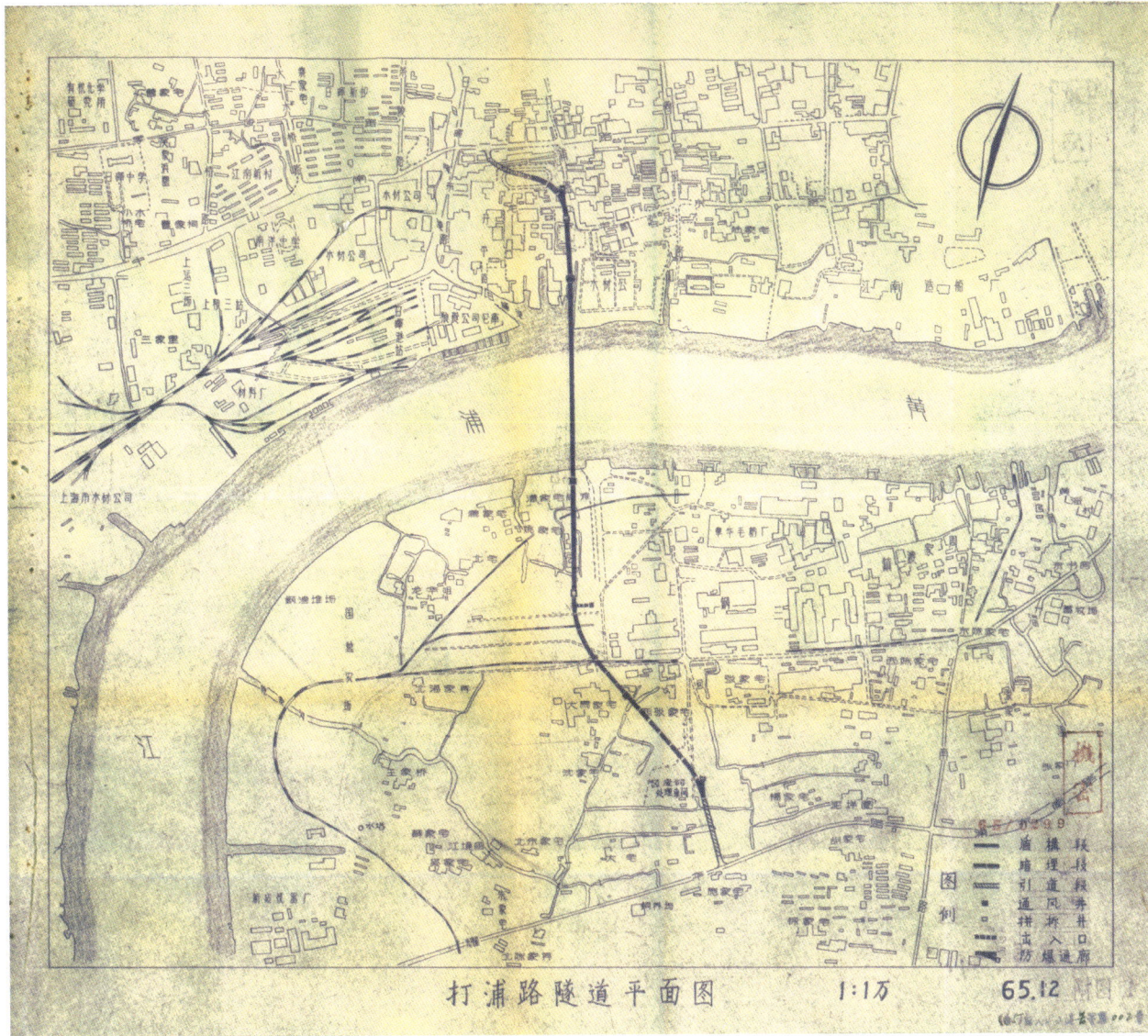

打浦路隧道平面图　　1:1万　　65.12

自古以来，摆渡是往来黄浦江两岸的唯一方式。为了便利市民来往浦西与浦东之间，上海于1965年开始筹建黄浦江越江隧道，选定隧址为浦西打浦路、浦东耀华路一线。打浦路隧道工程还被列入国家第三个五年计划重点建设项目。图为打浦路隧道平面图。

1971年6月，中国第一条水底盾构隧道——打浦路隧道建成通车。黄浦江两岸的交通从此开始趋于立体化、多元化发展。

随着浦东地区人口的增长，1980年10月起，上海市公共交通公司相继开辟过江的隧道一、二、七线及夜宵线，便于市民往返浦江两岸。图为1980年上海市公用事业局《关于开辟公共汽车打浦路隧道专线报告的批复》。

教育面向工农

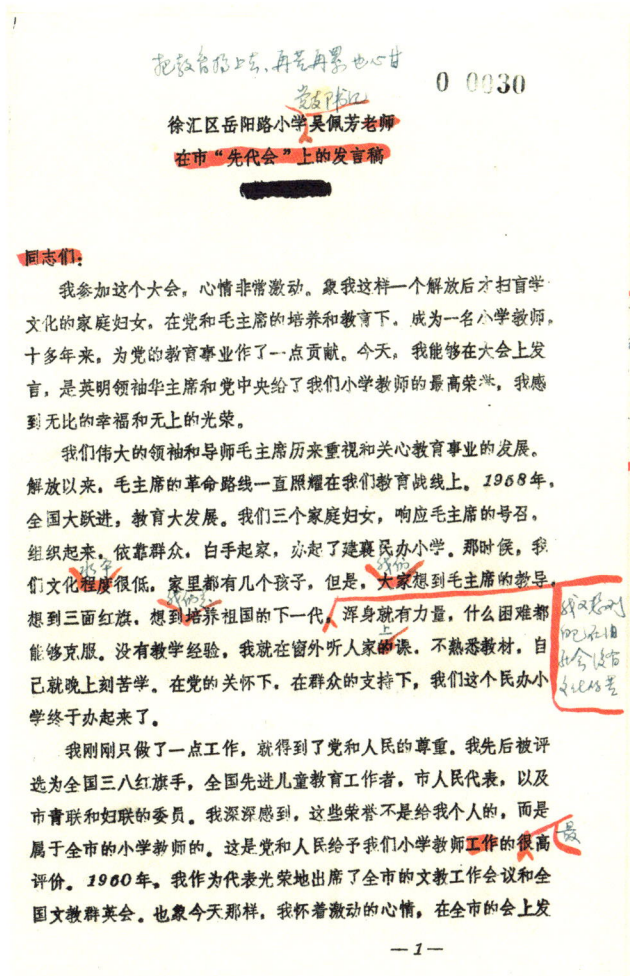

1958年，社区居民吴佩芳与殷祖懿、江镜蓉等响应国家号召，兴办徐汇区民办建襄小学。吴佩芳等凭借"鸡毛飞上天"的执着精神，克服设施简陋、经费短缺等重重困难，不仅满足了周边地区学龄儿童的入学要求，还开拓出一条崭新的教育之路。图为吴佩芳在上海市教育战线先进集体和先进工作者代表大会上的发言稿（部分）。

新中国成立后，曾被摒弃在校门外的工农子弟进入了高等院校。图为优秀纺织女工郝建秀（前排右三）等在华东纺织工学院（今东华大学）学习深造。

1958年10月，静安区张家宅地区居民自办小学。图为放学后，排队回家的学生。

1951年10月16日，新中国第一所社会主义师范大学——华东师范大学诞生。

上海师范学院毕业生奔赴农村办学。

昔日跑马厅变身人民的乐园

上海解放前，位于上海中心区域的跑马厅充斥着赌博、投机风气，曾是"冒险家乐园"的写照。图为20世纪30年代的跑马厅全貌。

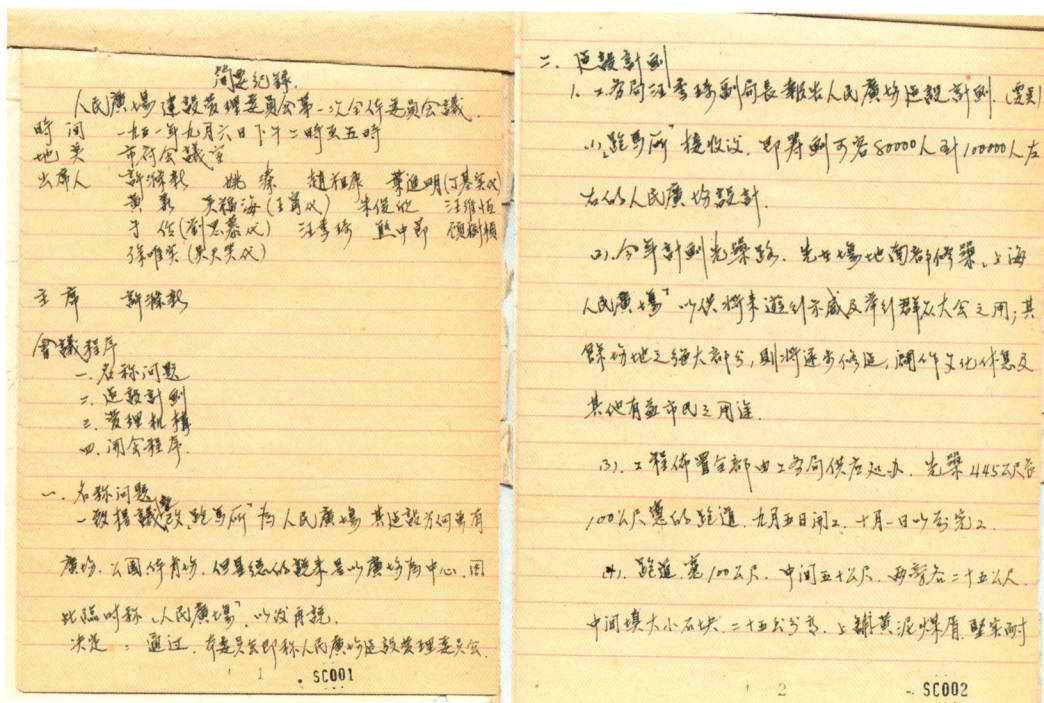

1951年9月，上海市人民政府决定将跑马厅改建为人民广场与人民公园。图为人民广场建设管理委员会第一次全体委员会议简要记录（1951年9月6日）。

1952 年 10 月 1 日，人民公园落成并对外开放。两年后，人民广场正式建成。

1959年10月1日，上海人民在人民广场举行盛大游行集会，庆祝中华人民共和国成立十周年。（黄浦区档案馆提供）

如今的人民广场汇聚着上海博物馆、上海大剧院、上海城市规划馆等文化场馆，成为上海最重要的城市地标之一。（陶磊／摄　《新民晚报》提供）

昔日跑狗场变身文化广场

地处亚尔培路（今陕西南路）、辣斐德路（今复兴中路）的逸园跑狗场是旧上海规模最大的跑狗赌博场所，号称"远东第一大赌场"。图为逸园跑狗赛道。

1952年4月，根据陈毅市长的指示，逸园被改造为上海群众性政治文化活动的重要场所，并更名为"上海市人民文化广场"。同年11月，正式定名"上海市文化广场"。至1954年底，改建工程竣工，成为当时上海最大的室内会场。图为1952年苏军红旗歌舞团在上海文化广场演出。

20世纪五六十年代，文化广场成为上海最重要的政治集会和文化演出场所之一。1960年5月28日，第一届"上海之春"音乐会联合公演在文化广场举行。图为当时的演出节目单。

五、大 合 唱

歌唱万吨水压机的诞生　　　　　上海音乐学院
　　　　　　　　　　　　　　　　"万吨"创作小组集体创作

　　1.万吨水压机诞生了
　　2.英雄奋战电渣焊
　　3.来一个蚂蚁顶泰山
　　4.战 高 温
　　5.毛泽东思想是战无不胜的力量
　　　　演唱者：上海音乐学院声乐系、钢琴系、管弦系、
　　　　　　　　民乐系同学
　　　伴　奏：民族器乐系师生
　　　指　挥：杨嘉仁

————→　休　息　←————

六、管 弦 乐

红 旗 颂　　　　　　　　　　　　　　吕其明作曲
　　1.革命的红旗飘扬在东方
　　2.高举红旗奋勇前进!
　　3.红旗万岁，万万岁!
　　　　演奏者：上海交响乐团、上海电影乐团
　　　指　挥：陈传熙

七、评弹开篇

全靠党的好领导　　　　　文　子等词　徐丽仙、周云瑞曲
　　领唱者：上海人民评弹团徐丽仙
　　伴　唱：陈红霞、薛惠君、沈伟辰

1965 年，由作曲家吕其明创作的管弦乐序曲《红旗颂》在文化广场首演，揭开了第六届"上海之春"音乐节的序幕。图为正在构思创作的吕其明和第六届"上海之春"音乐节开幕演出节目单（部分）。

1992 年 6 月至 12 月，在文化广场设临时股票委托办理点，为刚起步的新中国证券业发展作出了贡献。（雍和／摄）

2011 年，全新的文化广场建成启用，成为集现代演出、艺术展示、文化体验于一身，以音乐剧演出为主、各类时尚经典艺术为辅的地标性文化艺术中心。（《黄浦报》提供）

上海工人文化宫——工人的学校和乐园

老工人在工人文化宫为年轻人讲述革命先烈英勇斗争的故事。

1950年9月，上海工人文化宫正式对外开放。这所"工人的学校和乐园"培养了一批优秀人才，创作出许多优秀文艺作品，展现了新中国工人阶级的新风貌。

"大世界"变身"人民游乐场"

1917 年建成的"大世界"是旧上海最著名的娱乐场所，以游艺杂耍和南北戏曲、曲艺为其特色。新中国成立后，"大世界"成了劳动人民休憩娱乐的地方，并更名为"人民游乐场"。1958 年恢复"大世界"的名称。1974 年大世界更名为"上海市青年宫"。图为 20 世纪 60 年代的"大世界"。

2017 年 3 月 17 日，经过修缮的"大世界"正式对外开放，设有戏曲、民乐、舞蹈、创新剧目轮演，并不定期开展各种非遗文化活动。（陶磊 / 摄 《新民晚报》提供）

"远东第一大体育场"的华丽转身

1935年建成的上海市体育场是"远东第一大体育场"。1954年，上海市人民政府和国家体委拨款对体育场进行了全面整修，并更名为江湾体育场。在此后相当长的一段时期内，江湾体育场成为上海举行大型体育赛事的主要场地。（杨浦区档案馆提供）

进入21世纪后，有关部门对江湾体育场进行了再度改造升级，使之既能适应专业足球培训的高标准，又可以满足全民健身所需。图为今日江湾体育场俯瞰。（杨浦区档案馆提供）

昔日跑马总会大楼变身文化场所

跑马总会大楼建于 1933 年，曾是上海跑马总会会员专享的高级俱乐部所在地。

1959年，上海博物馆迁出，大楼改作上海图书馆。图为当时的上海图书馆阅览室。

2000年至2012年，上海美术馆落户原跑马总会大楼。2018年，这栋历史建筑改建为上海市历史博物馆（上海革命历史博物馆）并对外开放，成为上海的文化新地标。

人民医疗为人民

新中国成立初期，血吸虫病曾是青浦等上海郊县的一种常见流行病。青浦地区的血吸虫病感染率达40%左右，金泽镇任屯村的患病率高达97.4%。图为深受血吸虫病之苦的任屯村村民。

新中国成立后，上海在市级层面和血吸虫病流行的县、乡、镇分别组建血防领导小组，设置血防专业机构，坚持领导、群众和专业技术人员三结合，采取以消灭钉螺为主，同时查、治病人，辅以粪、水管理的综合性防治措施，全面开展血吸虫病防治工作。图为青浦人民开展大规模消灭钉螺的运动。

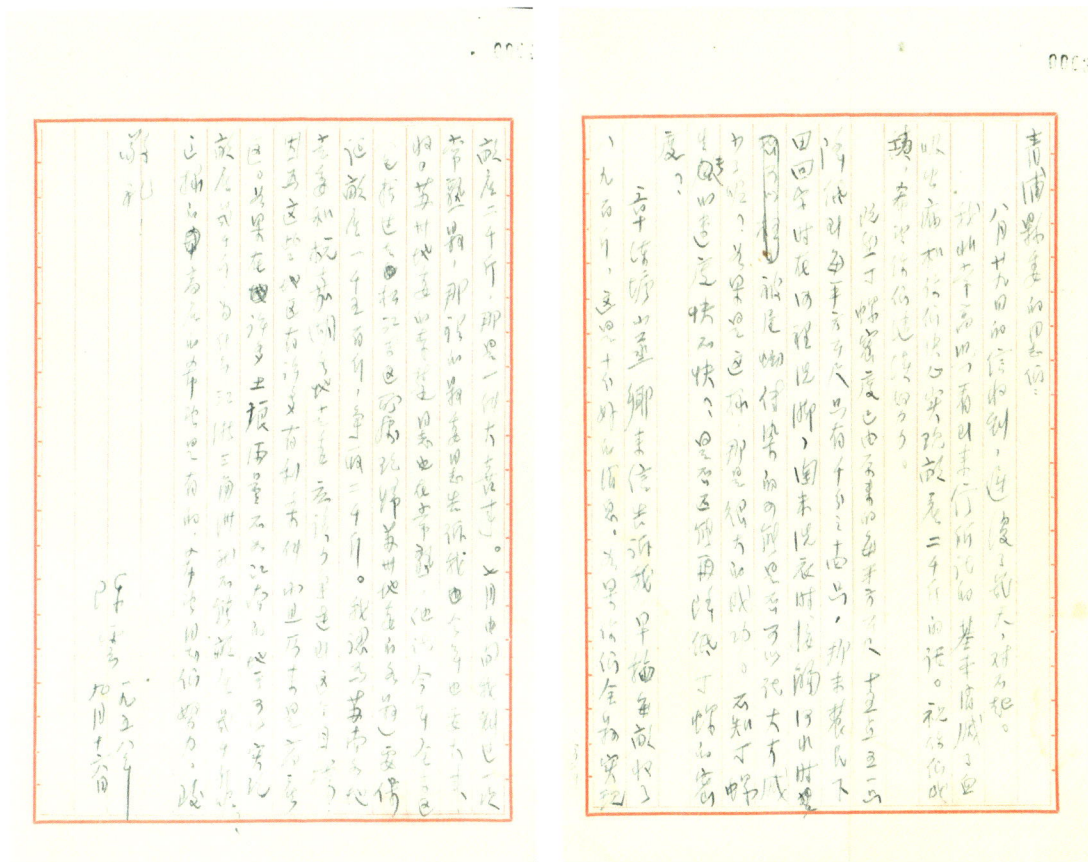

1958 年 9 月 16 日，陈云致青浦县委函，祝贺青浦成功消灭血吸虫病。

上海解放时，全市共有医疗卫生机构 358 所，医院病床 10033 张，人口平均预期寿命
35 岁左右。在党的领导下，经过十多年努力，至 1966 年，全市医疗卫生机构达 2270 所，
医院病床 33381 张，人口平均预期寿命男性 68.1 岁，女性 71.7 岁。图为上海解放后新
建的医院。

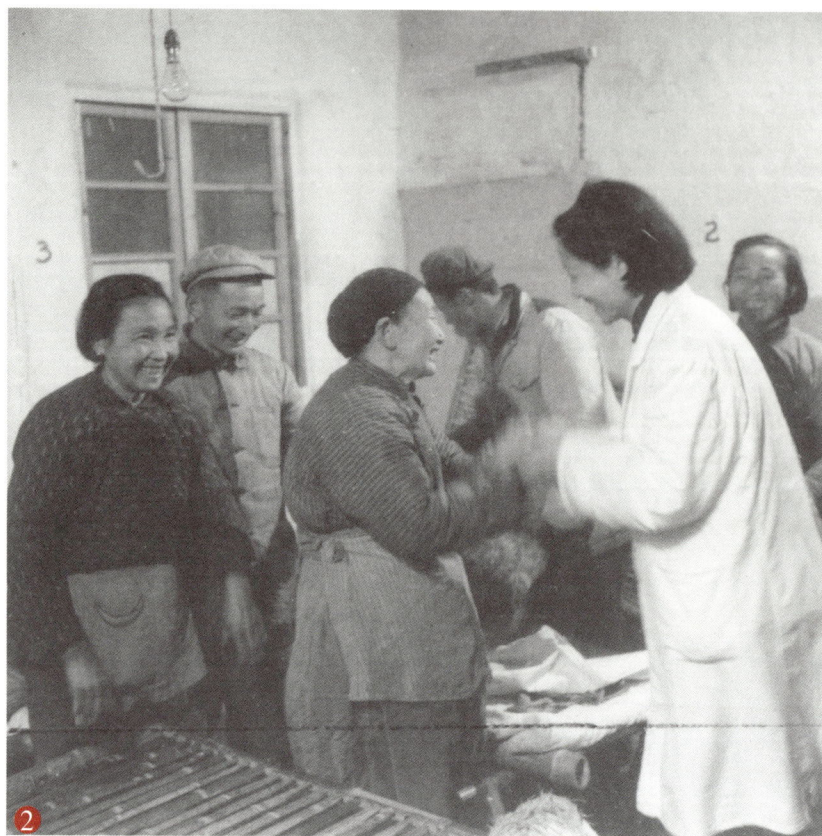

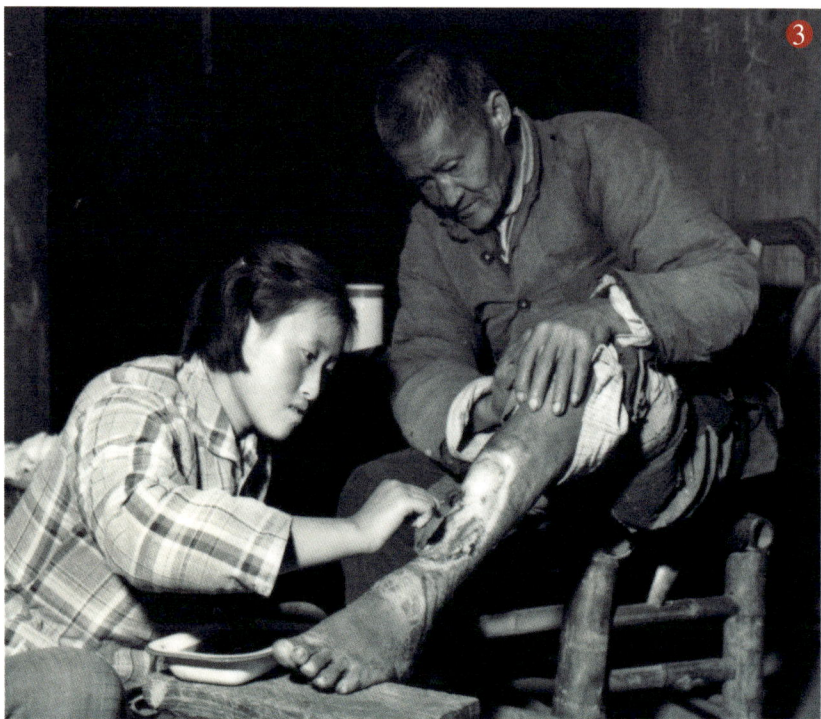

❶全市职工和高等院校、中等专业师生都享有劳动保险和公费医疗，医药费由国家承担。图为上海工人疗养院。

❷1969年1月，上海郊县开始试行合作医疗。图为在医护人员的精心诊治下，双目失明的沪郊农妇重见光明。

❸1970年初，上海郊县全部实行合作医疗，大队医疗室由经过培训的"赤脚医生"管理。至20世纪80年代末，上海农村合作医疗巩固率为96.2%，参加合作医疗者共399.8万人，占郊县农村人口425万人的94.1%。图为"赤脚医生"在为农民敷药。

劳动是一切幸福的源泉，社会主义是干出来的。

——习近平总书记在全国劳动模范和先进工作者表彰大会上的讲话

（2020 年 11 月 24 日）

新中国成立后，上海工人阶级充分发扬"主人翁"精神，立足岗位，攻坚克难，创新创造，为新中国工业的发展作出了巨大贡献。

为了"实现全国人民穿好衣"的梦想，新中国纺织工人的优秀代表黄宝妹提出了革新工艺的建议，大大提高了工作效率。

每一台照相机都出自一双勤劳智慧的手。

技术员与一线工人合力钻研，攻克技术难关。

服务全国

1950 年到 1958 年，上海动员 150 万劳动者赴外地参加工农业建设。图为 1954 年 7 月 2 日参加第一批重点建设的上海技工在火车站与前来送行的亲友挥别。

《1955—1957年上海工厂内迁计划》

20 世纪五六十年代，上海积极组织相关企业整体搬迁至内地，支援重点项目建设。图为《1955—1957 年上海工厂内迁计划表》。

1955 年，国务院决定交通大学内迁西安。1959 年，国务院批复同意交大的上海、西安两个部分独立成为上海交通大学和西安交通大学。图为 1956 年 8 月 10 日交大师生在徐家汇火车站（原址为凯旋路 2115 号，现宜山路地铁站西北侧 300 米处）欢送首批赴西安教职员工踏上西迁旅途。

20 世纪 50 年代中期，青年团上海市委发起组织"上海青年志愿垦荒队"，鼓励青年到农村去锻炼，得到了广大青年的积极响应，报名者踊跃。图为青年团上海市第三次代表大会秘书处给上海青年志愿赴江西垦荒队全体同志的慰问信。

从 1963 年起，上海有计划地动员知识青年赴新疆军垦农场支援建设。1963 年当年的支疆上海青年即达 2 万人。图为赴新疆参加建设的上海知青。

3

翻天覆地：
改革开放的历史伟剧是
亿万人民群众主演的

1978 年 12 月召开的中共十一届三中全会，是新中国成立以来党和国家历史上具有深远意义的伟大转折，开启了以改革开放为鲜明特征的社会主义现代化建设新时期。

　　2021 年 2 月 20 日，习近平总书记在党史学习教育动员大会上指出："改革开放的历史伟剧是亿万人民群众主演的。"在党中央的坚强领导下，上海作为改革开放的前沿，紧紧抓住历史机遇，敢为人先、攻坚克难，把保障和改善民生作为一切工作的出发点和落脚点，实现城市面貌日新月异、城市功能显著提升的目标，确保人民切实共享改革发展的成果。

1978 年 5 月 11 日，《光明日报》发表特约评论员文章《实践是检验真理的唯一标准》，由此引发了一场关于真理标准问题的大讨论。图为《解放日报》刊登的相关讨论文章。

1990 年 6 月 2 日，中共中央、国务院下发《关于开发和开放浦东问题的批复》，指出："开发和开放浦东是深化改革、进一步实行对外开放的重大部署""是一件关系全局的大事，一定要切实办好"。由此，掀开了我国改革开放向纵深推进的崭新篇章。图为开发开放之初的浦东陆家嘴。

如今气象万千的陆家嘴金融城。（郑宪章 / 摄）

"实事项目"为民办实事

❶针对人民生活中出现的实际困难，1983年开始市政府安排为民办实事项目，并列入政府年度工作计划，1986年起以市政府文件下达实事任务，围绕住房建设、"菜篮子"工程、道路交通、环境保护、医疗卫生、中小学教育、煤气供应、通信设施建设等方面，坚持每年为民办若干件实事。图为改善上海生活用水水质，实施的实事项目之一——黄浦江上游引水一期工程。

❷为解决乘车难，实施的实事项目之一——第一条公交跨长高峰线401路开通。

❸为解决用气难，实施的实事项目之一——发展管道煤气。

为进一步解决广大人民群众的穿衣问题，国家基建项目——上海石化二期工程投入建设。图为 1980 年 7 月石化二期工程开工仪式。

1988年8月，上海正式实施"菜篮子工程"，为申城的蔬菜、副食品的生产发展和有效供应提供保证。

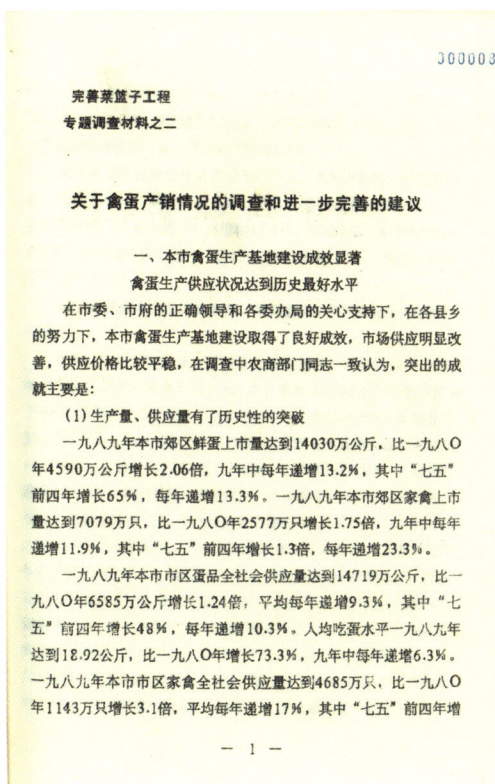

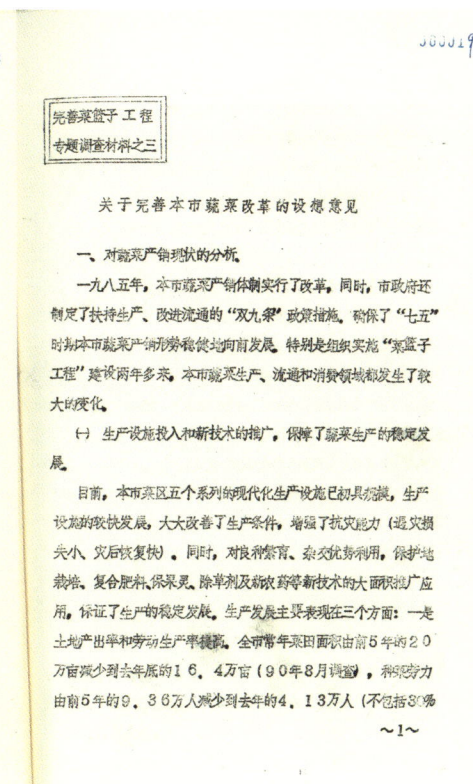

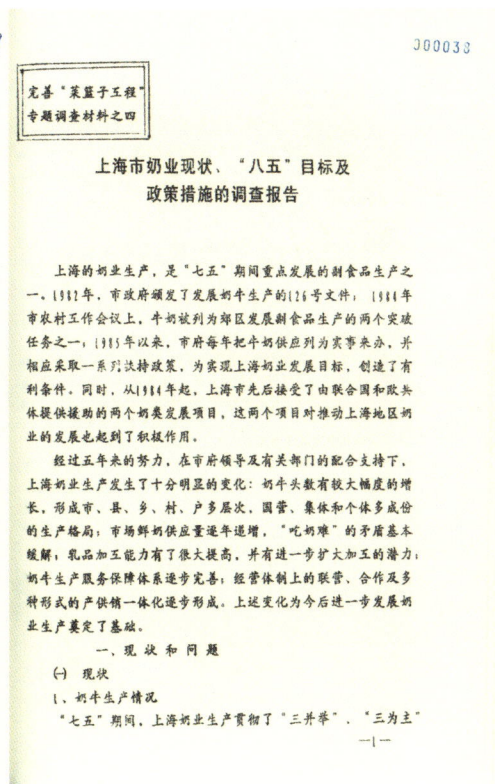

1990年，上海市各有关部门关于完善菜篮子工程专题调查材料。

"平价菜进社区"活动让居民不出小区，下楼就可以买到新鲜、健康、实惠的平价蔬菜。（嘉定区档案馆提供）

教育事业全面发展

1977 年，中断 10 年的高考招生制度恢复，此举成为全国思想解放的先导，也是改革开放的先声，为推动改革开放、经济发展与社会进步发挥了重要作用。图为 1977 年参加高考的上海考生步入考场。

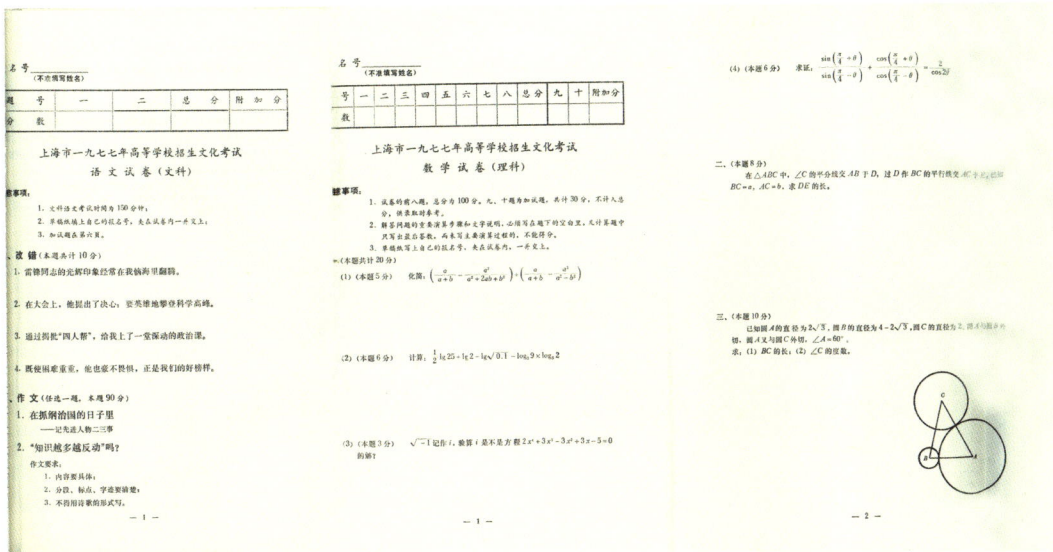

上海市一九七七年高等学校招生文化考试语文试卷与数学试卷（部分）。

改革开放后，全社会掀起学习文化知识热潮。图为冬日清晨，许多读者冒着严寒等待进入上海图书馆借阅书籍，学习充电。

20世纪90年代起，上海市进一步加强学前教育公共服务体系建设，公办为主、社会参与，努力打造市民满意的学前教育。（中共上海市教育卫生工作委员会提供）

从20世纪80年代开始，上海市政府便将义务教育均衡发展作为率先基本实现教育现代化的重要战略。2014年3月，上海通过国家教育督导检查组认定，成为全国第一个整体实现县域义务教育均衡发展的省市。图为参加"欢乐齐分享，成长心连心"活动的崇明东门中学师生。（崇明区档案馆提供）

上海高校 布局结构调整

杨浦
知识创新区

闵行紫竹
科学园区

松江
大学园区

南汇
科教园区

奉贤
大学园区

临港新城
科教创新
园区

20世纪90年代起，上海加大高校布局结构调整，并在此基础上加强高校内涵建设，实现功能转变。

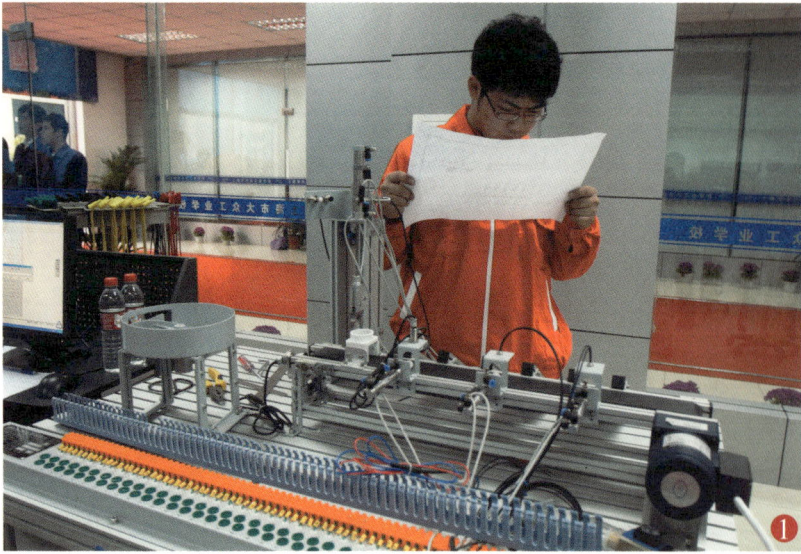

❶ 上海大力发展职业教育，努力培养知识型、发展型技能人才。（中共上海市教育卫生工作委员会提供）

❷ 上海深化教育综合改革，提高教育发展质量。2014 年，上海启动高峰学科和高原学科建设计划，建设高水平大学。图为正在开展学术讨论的同济大学建筑与城市规划学院师生。

❸ 上海积极促进基础教育优质均衡发展，办好每一所家门口的学校，让每个孩子享有更公平的教育。图为西南位育中学校园。

共享医药卫生体制改革成果

努力实现医疗等资源均衡，缩小城乡差别。2005年，上海市第七人民医院与附近高桥、高东、高行、凌桥四个社区卫生服务中心成立"外高桥功能区医疗联合体"，这是首个跨越城乡的医疗联合体。图为市七医院医生为高桥镇居民免费开展医疗咨询。（浦东新区档案馆提供）

2006年，上海农村合作医疗覆盖率达到100%，114所乡镇卫生院和郊区300所村卫生室完成标准化建设。图为奉贤区南桥镇西渡口门诊部。（奉贤区档案馆提供）

2009 年起，为优化医疗卫生资源区域布局，加快推进市级优质医疗资源向郊区辐射，上海启动郊区三级综合医院建设，即"5+3+1"工程。上海每个郊区至少有一家三级综合性医院，郊区居民在 60 分钟内就可到达三级医院就近享用优质医疗资源。图为新华医院崇明分院门诊医技大楼。（崇明区卫生健康委员会提供）

为适应社会保障体系和城乡一体化发展，上海于 2016 年 1 月 1 日实施《上海市城乡居民基本医疗保险办法》，实现对象范围、筹资标准、待遇水平、经办服务的"四个统一"，建立城乡居民统一的基本医疗保险制度。

2011年起，上海在全国率先试点了家庭医生制度。图为家庭医生现场健康咨询活动。（长宁区档案馆提供）

2016年起，上海打造家庭医生制度2.0版本，即居民在与家庭医生团队签约基础上，选择1家区级和1家市级医院的"1+1+1"组合签约。截至2021年5月，上海累计签约超过815万人，老年人、儿童、慢性病人、孕产妇等重点人群签约率超过77%，失能老人签约率超过九成。图为家庭医生为社区居民体检。（长宁区档案馆提供）

社会保障体系更加完善

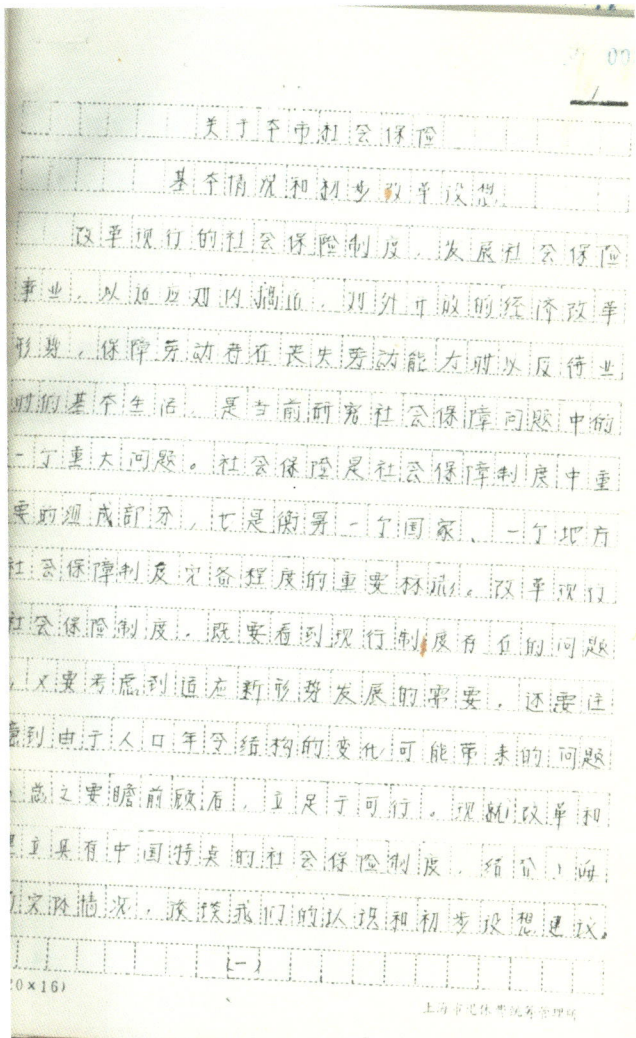

20 世纪 80 年代，上海市就已经开始社会保障、社会保险、待业保险问题的创新性课题研究。

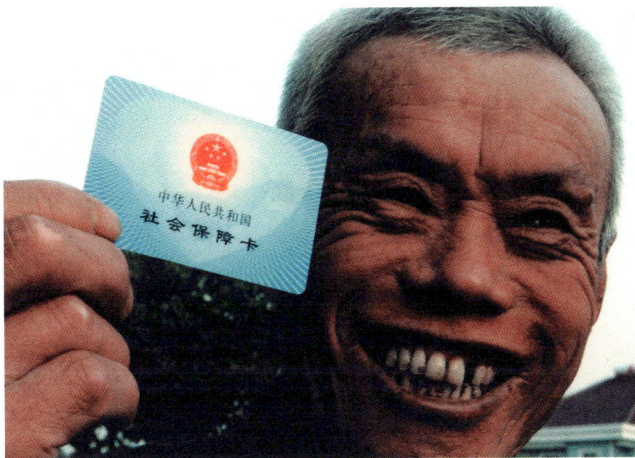

1993 年开始，上海率先进行社会养老保险体制的改革。2005 年"五险合一"（养老保险、工伤保险、医疗保险、失业保险和生育保险）的基本社会保险体系在上海形成。图为领到"社保卡"的上海农民笑逐颜开。

1995 年，上海实施城镇低收入居民实物补贴和粮油供应帮困卡措施。

90%
家庭养老

7%
居家养老

"9073"
养老格局

3%
机构养老

2005 年，上海确立构建"9073"养老服务格局后，连续多年保持养老床位数量的高速增长。2006—2010 年间，每年增长数量超过 1 万张。此后，养老床位数量也以每年 5000—7000 张的速度持续增长。（钱卫忠 / 摄 上海市民政局提供）

居住条件不断改善

住房问题，历来是上海重要的民生问题。图为一户市民三代同堂蜗居在 9 平方米的陋室。（刘芳／摄）

"迷你天桥桌"虽体现出邻里情深，却也凸显昔日上海的住房难题。（刘芳／摄）

20 世纪 90 年代起，上海从改革入手，破解"住房难"这一历史难题。1990 年 12 月，为了凝聚共识，在全市范围内开展住房制度改革大讨论。（《解放日报》提供）

1991 年，上海在全国首创住房公积金制度。图为市民在办理公积金贷款业务。（中国建设银行上海分行提供）

1992年，上海启动危棚简屋改造工程。到2000年，基本完成上海中心城区365万平方米危棚简屋改造任务，64万户市民圆了新居梦。位于打浦路以西、瑞金南路以东、卢湾中学以北的斜三基地曾是一处弄堂狭窄、房屋破败的典型棚户区。1992年，斜三基地以批租方式开创了大规模成片改造旧区的范例，推动了上海旧区改造进程。图为改造中的斜三基地。（黄浦区档案馆提供）

俯瞰21世纪初的打浦桥斜三地块。（黄浦区档案馆馆藏）

地处普陀区苏州河沿岸的"两湾一宅"（潭子湾、潘家湾和王家宅的简称）曾是上海市中心城区面积最大、危棚简屋最集中、影响最广泛的棚户区，平均每亩土地住有居民31户。图为改造前的"两湾一宅"地区。

1998年8月，"两湾一宅"棚户区动迁拉开序幕。经过7年的改造，"两湾一宅"地区变身上海内环线内规模最大的现代化生态居住区——"中远两湾城"。图为"中远两湾城"。（郑宪章／摄）

通过事前征询、过程公开、依法操作、事后评估，"阳光动迁"推进旧区改造，让市民放心。（刘定传/摄）

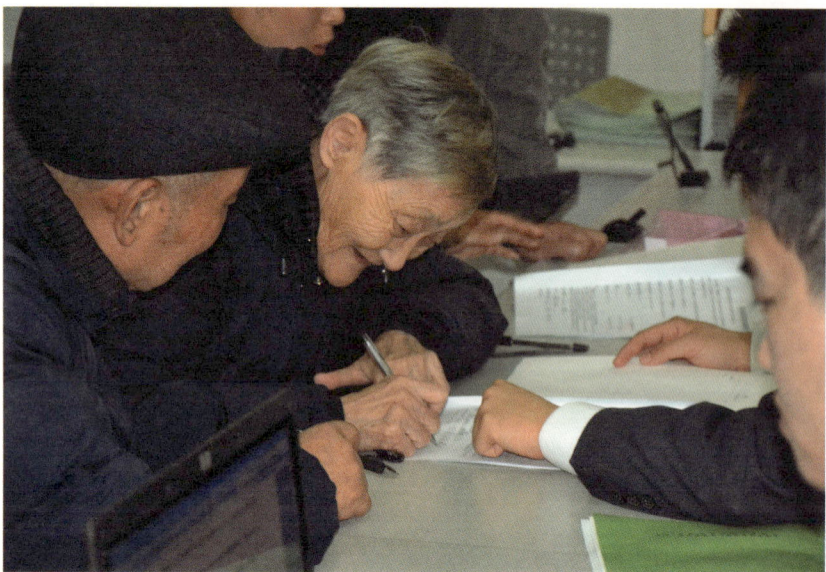

"十三五"期间，上海全面推进廉租房、经适房、公租房、动迁安置房"四位一体"的住房保障体系建设。图为宝山顾村馨佳园项目签约现场。

2011年12月，上海首批2900套市筹公共租赁房馨宁公寓在上海徐汇区正式启动供应。（姚泉耕/摄 徐汇区档案馆提供）

四通八达的城市交通

曾几何时，黄浦江越江交通一直是困扰上海城市发展和市民生活的难题。至20世纪80年代，尽管打浦路隧道、延安东路隧道穿越江心，通达两岸，但面对百万市民的过江问题，两条隧道依然显得捉襟见肘。图为20世纪80年代末推着自行车摆渡过黄浦江的市民。（郑宪章／摄）

1991年12月，上海市区第一座跨越黄浦江的大桥——南浦大桥通车。黄浦江越江工程建设的高潮由此揭开序幕。

1993 年 9 月，杨浦大桥建成通车。图为因大桥建设而动迁的浦东居民兴高采烈地参观新建的杨浦大桥。（火寿全 / 摄）

1995 年 10 月建成通车的奉浦大桥，缩短了上海中心城区与奉贤、浦南地区的行车时间，缓解了郊区"渡江难"问题。

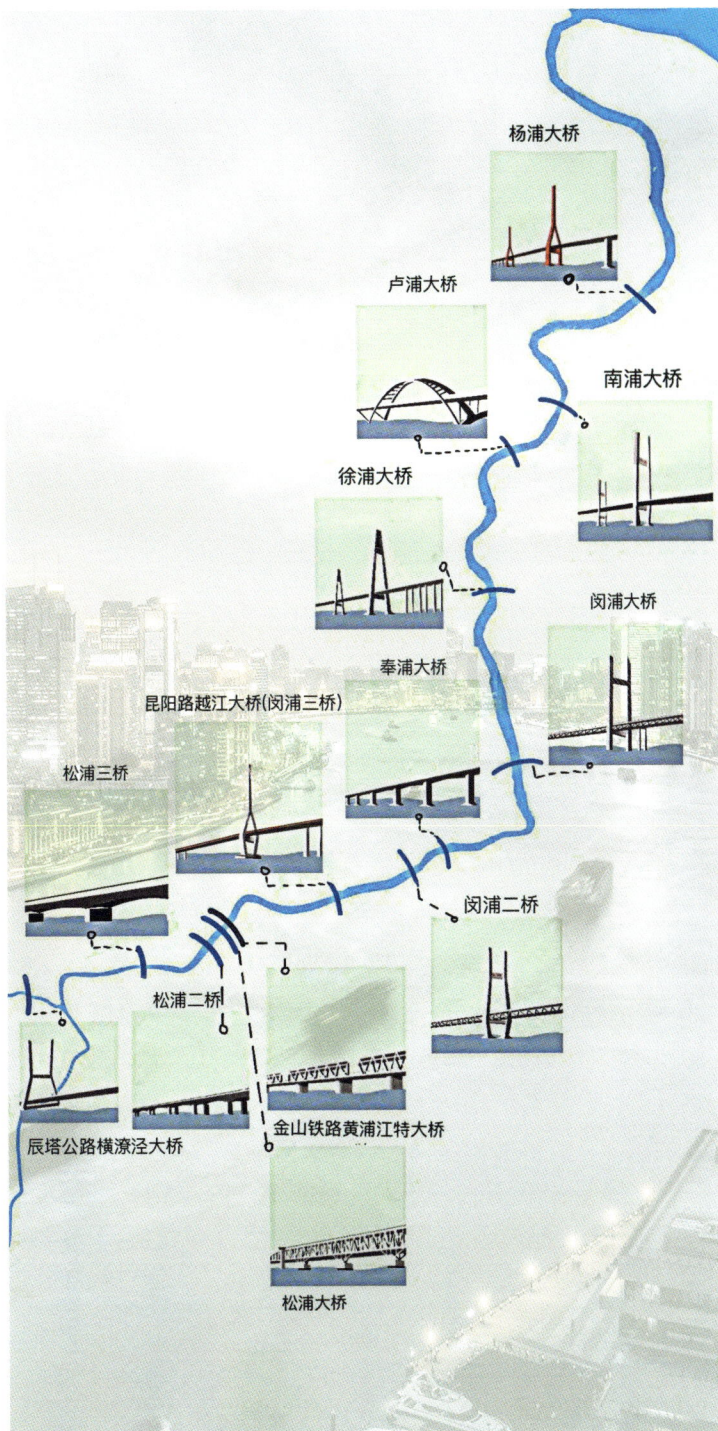

杨浦大桥

卢浦大桥

南浦大桥

徐浦大桥

闵浦大桥

奉浦大桥

昆阳路越江大桥(闵浦三桥)

松浦三桥

闵浦二桥

松浦二桥

辰塔公路横潦泾大桥

金山铁路黄浦江特大桥

松浦大桥

至 2020 年 10 月昆阳路越江大桥（闵浦三桥）建成通车，黄浦江上已建有 13 座大桥。

公交"乘车难"是20世纪80年代上海人感受最强烈的城市发展问题之一，公交车座椅区域外每平方米挤9位乘客的窘况曾是"家常便饭"。（《解放日报》提供）

20世纪90年代初，上海郊区居民想要到中心城区，需要面对道路状况不佳、出行方式单一、交通拥堵等重重困难。图为当年奉贤西渡渡口数百辆待渡汽车大排长龙的景象。（奉贤区档案馆提供）

从1996年起，上海选择公交作为公共产品改革试点，确立行业公益性、运作市场化发展方向。

沪建干⑮第245号

中共上海市建设工作委员会

上海市建设委员会
　　　　　　　　　　（通知）

关于成立上海市地铁公司的通知

上海市市政工程管理局：

　　为了加快上海市地铁的建设，经研究同意成立
上海市地铁公司，根据沪委组⑭字第1178号文
件第二条规定，该公司可享受县团级政治待遇。

　　此复。

中共上海市建设工作委员会
上海市建设委员会
一九八五年三月十六日

抄报：市委办公厅、市政府办公厅。
抄送：市委组织部、市编委。

1988年2月，国务院批准上海地铁1号线项目立项。1993年5月28日，1号线一期南段（锦江乐园站—徐家汇站）率先投入运营，实现了上海地铁建设运行零的突破。图为地铁1号线开通后，不少市民兴致勃勃地前去乘坐体验。

为缓解市民乘车难，进一步发展立体化快速交通系统，上海自1983年起规划建设地铁。图为1985年3月中共上海市建设工作委员会、上海市建设委员会关于成立上海市地铁公司的通知。

151

2007 年开工建设，2009 年起分段投入运营，上海轨道交通 11 号线是我国第一条跨省轨道交通线路（11 号线的花桥站、光明路站和兆丰路站位于江苏省境内）。（金仙福 / 摄）

截至 2023 年，上海轨道交通全网络运营里程达 831 公里，运营车站数达 508 座（含磁浮线），运营里程居世界各城市之首。

申城高架道路网建设改善了上海城区的交通状况。（龚建华／摄）

繁荣兴旺的商贸发展——百年南京路的发展变迁

20世纪二三十年代，著名的"四大百货公司"（先施、永安、新新、大新公司）汇聚南京路，繁华的南京路遂有"中华商业第一街"的美誉。图为20世纪30年代的南京路。

新中国成立后，南京东路商业街经过布局调整和业态更新繁华依旧，成为上海市民乃至全国人民心目中的"购物天堂"。图为20世纪50年代的南京东路。

❶ 1995 年 7 月起，南京东路试行周末步行街模式，拉开了其功能开发的序幕。图为在步行街上玩耍的儿童。（范生华 / 摄）

❷ 1999 年 9 月 20 日，南京路步行街开街。（黄浦区档案馆提供）

❸ 2020 年 9 月，南京路步行街东拓段正式开街。这是南京路步行街自 1999 年开街以来最大规模的一次升级改造。从此，上海最著名的两大地标——南京路步行街和外滩连为一体。（杨建正 / 摄）

1988 年 8 月，苏州河合流污水治理一期工程开工。1993 年 12 月，合流污水治理一期主体工程建成，苏州河的水质大幅改善。（苏州河梦清园环保主题公园提供）

苏州河整治施工场景。（苏州河梦清园环保主题公园提供）

苏州河沿岸亲水平台，2002 年 6 月 14 日拍摄。
（黄浦区档案馆提供）

俯瞰苏州河下游。图中三座桥梁由近到远依次为四川路桥、乍浦路桥、外白渡桥。（秦战／摄 虹口区档案馆提供）

共青森林公园所在地原是浦江滩地，1956 年上海市政府疏浚河道，取泥围垦，辟为苗圃。1958 年，共青团中央第一书记胡耀邦带领在沪开会的全国青年积极分子栽植果树，在苗圃内建立青春试验果园，取名为"共青苗圃"。1982 年，作为上海市政府扩大公共绿地面积的重点实施工程，共青苗圃北块改建为"共青森林公园"。(杨浦区档案馆提供)

2001年1月，徐家汇公园的建设，开创了中心城区"三废"企业拔点和生态环境建设相结合的成功范例。原大中华橡胶厂、中国唱片厂生产厂区被环境优美的徐家汇公园取代。原大中华橡胶厂的烟囱经过整修，成为公园的标志性景观建筑。

建设延安中路大型公共绿地，是中共上海市委、市政府为改善城市生态环境，缓解中心城区热岛效应，提高市民生活质量，推进社会、经济、环境协调发展的重大举措。（黄浦区档案馆提供）

草木丰茂、辽阔宁静的东滩湿地公园。（高凤洲／摄 崇明区档案馆提供）

风景秀丽、空气清新的西沙湿地公园。（高凤洲／摄 崇明区档案馆提供）

党建引领社区治理现代化

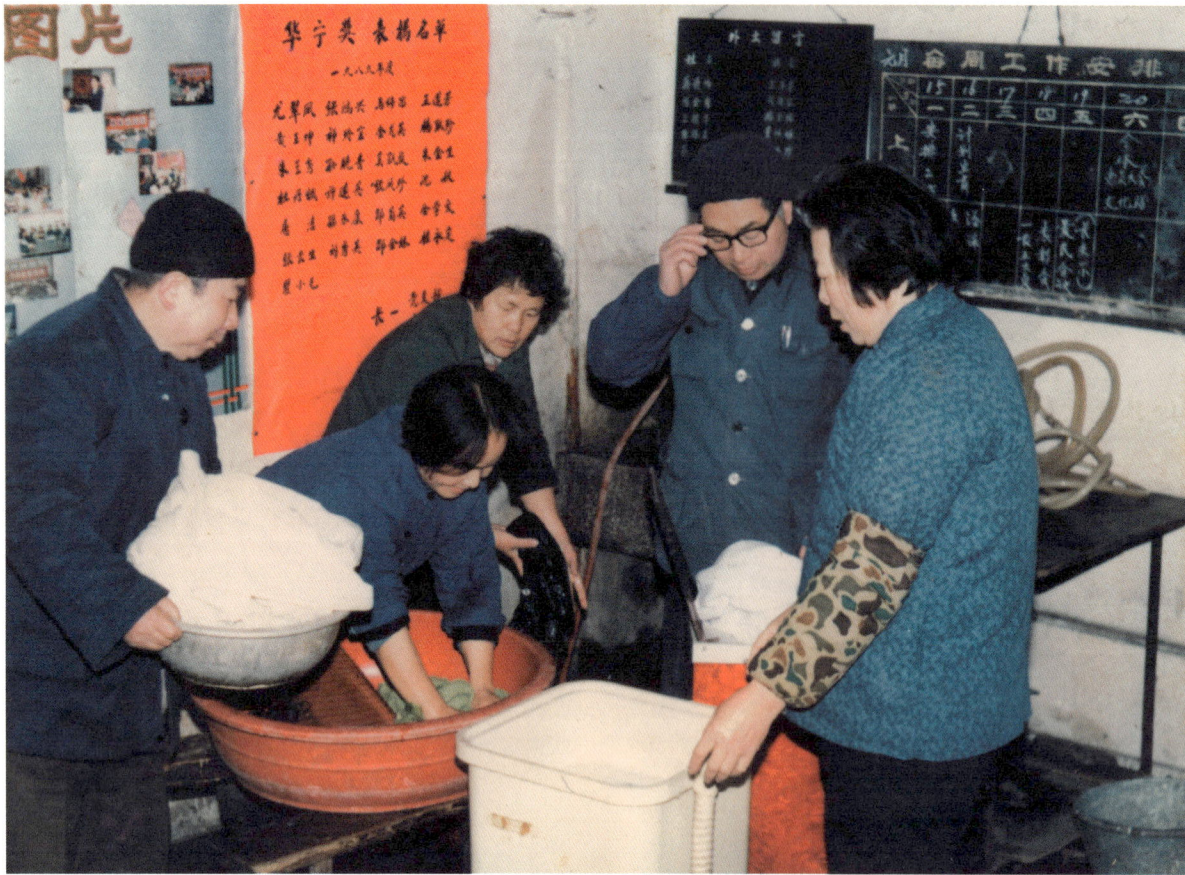

从 1993 年起，上海市长宁区各级党组织创造性地开展以"了解人、关心人、凝聚人"为主要内容的"凝聚力工程"建设。20 世纪 90 年代，在华阳路街道曹家渡地区活跃着一支"老雷锋服务队"，他们坚持为孤老和体弱多病的退休职工提供志愿服务。图为"老雷锋服务队"队员在帮助居民清洗衣服。（长宁区档案馆提供）

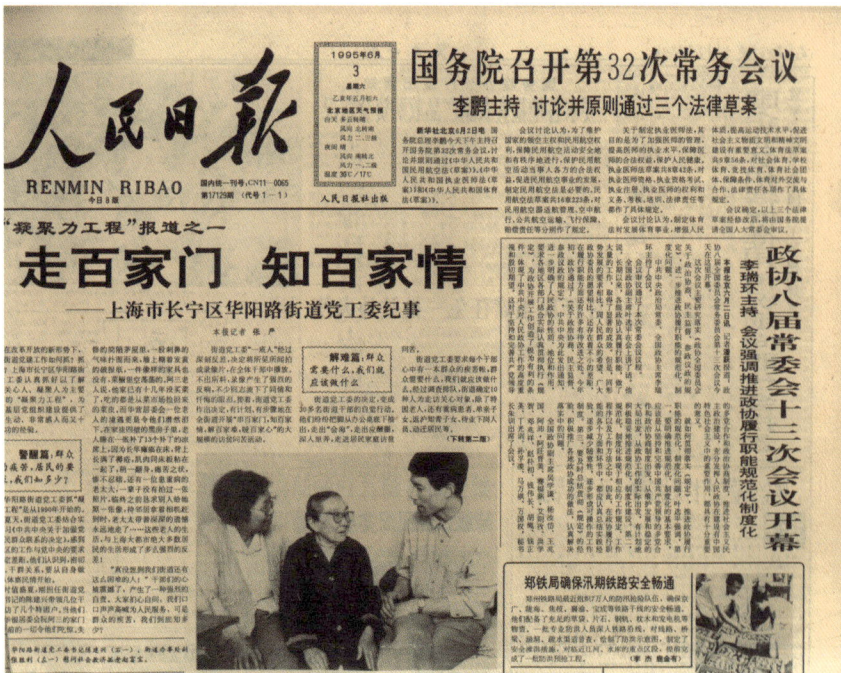

1995 年 6 月 3 日，《人民日报》头版头条刊登《走百家门 知百家情——上海市长宁区华阳路街道党工委纪事》，介绍"凝聚力工程"取得的成效。（长宁区档案馆提供）

1999 年 6 月，上海市浦东新区潍坊新村街道党工委探索"楼宇党建"新模式，在嘉兴大厦建立全国第一个楼宇联合党支部。（张春海 / 摄 《解放日报》提供）

2001 年，上海市静安区静安寺街道党工委在中华企业大厦创设全市第一个"党员服务点"。（金定根 / 摄）

2005 年，上海市杨浦区正式推出"一线工作法"——"知民情，情况在一线了解；解民忧，问题在一线解决；聚民智，工作在一线推动；听民意，干部在一线开评。"

推进政务公开 优化便民服务

上海市政府信息公开规定

（2004 年 1 月 20 日上海市人民政府令第 19 号发布）

第一章 总 则

第一条 （目的依据）

为了建立公正透明的行政管理体制，保障公民、法人和其他组织的知情权，维护其自身合法权益，监督政府机关依法履行职责，依据法律、法规的有关规定，结合本市实际情况，制定本规定。

第二条 （定义）

本规定所称的政府信息，是指政府机关掌握的与经济、社会管理和公共服务相关的，以纸质、胶卷、磁带、磁盘以及其他电子存储材料等载体反映的内容。

本规定所称的政府机关，是指本市各级人民政府及其工作部门、派出机构以及其他依法行使行政职权的组织。

第三条 （原则）

除本规定第十条所列依法免予公开的外，凡与经济、社会管理和公共服务相关的政府信息，均应予以公开或者依申请予以提供。

政府信息公开应当遵循及时、便民的原则，提高办事效率，提

— 2 —

2004 年 5 月 1 日《上海市政府信息公开规定》颁布实施，是全国最早关于政府信息公开的省级政府规章。

2004 年 5 月，上海市档案馆外滩馆成为政府公开信息集中查阅场所。

2006 年 10 月，上海市第一家区级市民中心——浦东新区市民中心正式运行，实行"一站式"政务服务。（浦东新区档案馆提供）

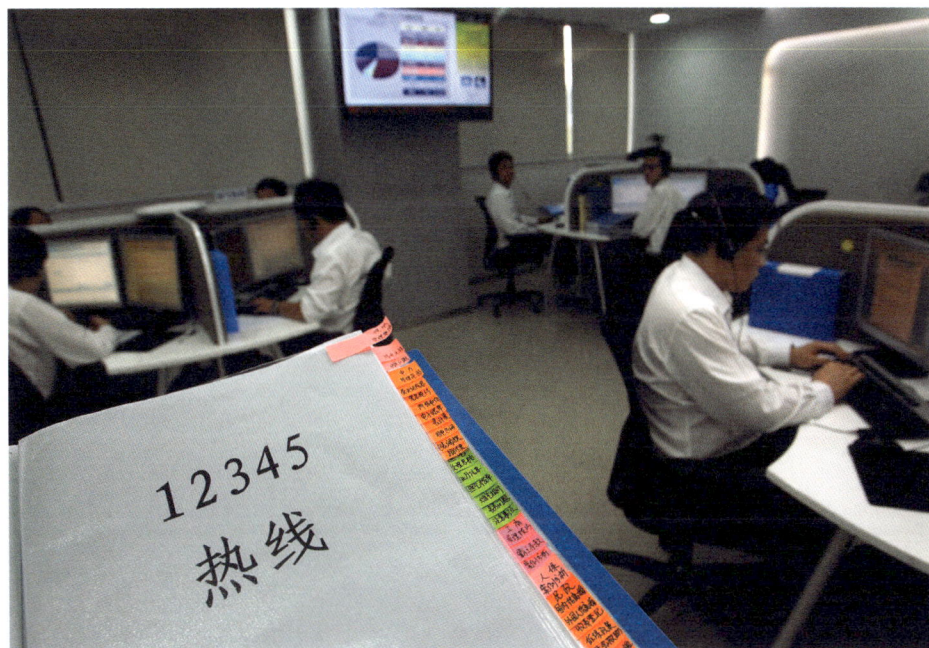

2012 年 10 月，上海"12345"市民服务热线电话开通运行。图为"12345"市民服务热线受理现场。（蒋迪雯 / 摄《解放日报》提供）

城市，让生活更美好

❶ 2010 年 5 月 1 日—10 月 31 日，中国 2010 年上海世界博览会成功举办，共有 190 个国家、56 个国际组织参展，创世博会参展规模历史新纪录。（张小宁 / 摄）

❷ 世博工程建设者。（黎自立 / 摄）

❸ 上海世博会举办期间，上海处处可见志愿者的身影。"小白菜""小蓝莓""小香橙"等世博志愿者热情、主动服务世博盛会。图为 2009 年 5 月 1 日，在东方明珠广播电视塔前举行的中国 2010 年上海世博会志愿者招募启动仪式。

4

经天纬地:
人民对美好生活的向往，就是我们的奋斗目标

2012 年 11 月 15 日，习近平总书记在十八届中央政治局常委同中外记者见面时的讲话中指出："人民对美好生活的向往，就是我们的奋斗目标。"党的十八大以来，以习近平同志为核心的党中央带领全国各族人民，贯彻党的群众路线，保证人民广泛参加国家治理和社会治理，让人民共享经济、政治、文化、社会、生态等各方面发展成果，不断提升人民群众的获得感、幸福感、安全感。

　　中共上海市委、市政府始终践行以人民为中心的发展思想，以优质多样供给满足人民需求，把最好的资源留给人民，创造海纳百川、近悦远来的人才发展环境，建设"人人都有人生出彩机会、人人都能有序参与治理、人人都能享有品质生活、人人都能切实感受温度、人人都能拥有归属认同"的幸福家园。

大胆试、大胆闯、自主改，力争取得更多可复制推广的制度创新成果，进一步彰显全面深化改革和扩大开放的试验田作用。

——习近平总书记对上海自贸试验区建设的重要指示

（2016 年 12 月）

2013 年 9 月 29 日，中国大陆境内第一个自由贸易试验区——中国（上海）自由贸易试验区正式挂牌成立。

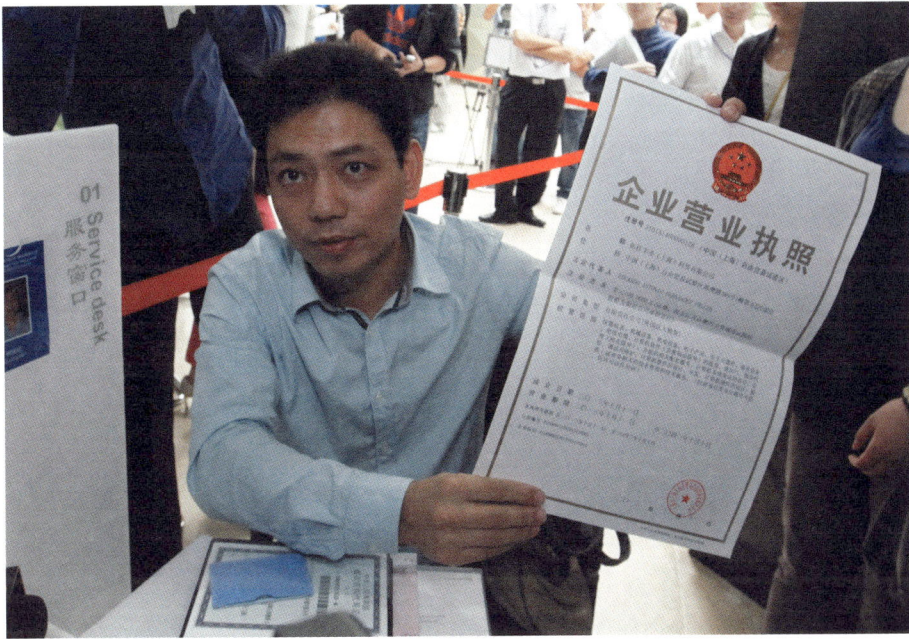

2013 年 10 月 14 日，中国（上海）自由贸易试验区发出第一张企业营业执照。

2019 年 8 月 20 日，中国（上海）自由贸易试验区临港新片区正式揭牌。临港新片区积极组织举办外国人才岗前培训、法律咨询、文化交流等融入活动，争取打造外国人才服务港湾，为区内外国人才提供内容丰富、精准精细服务。图为自贸区临港新片区海外高层次人才认定函。

一网通办、一窗受理、一次办成，全力跑出临港新片区加速度，让广大人民群众享受更便捷更高效的政务服务。图为临港新片区行政服务中心。

临港新片区不断加大教育建设力度，全面推进教育均衡化发展，为区域居民和企业职工子女提供优质基础教育资源。图为上海中学东校。（孙斌 陆海斌／摄 浦东新区档案馆提供）

紧扣一体化和高质量两个关键词抓好重点工作，真抓实干、埋头苦干，推动长三角一体化发展不断取得成效。

——习近平总书记在合肥主持召开扎实推进长三角一体化发展座谈会上的重要讲话（2020 年 8 月 20 日）

2018 年，由江苏、浙江、安徽和上海三省一市联合组建的长三角区域合作办公室在上海挂牌成立，《长三角地区一体化发展三年行动计划（2018—2020 年）》随之发布。同年 11 月，长三角一体化发展上升为国家战略，并于 2019 年 11 月开始合力推进长三角生态绿色一体化发展示范区建设。图为 G60 科创云廊，G60 科创云廊沿线是中国经济最具活力、城镇化水平最高的区域之一，它是长三角一体化高质量发展的重要引擎。（松江区档案馆提供）

2018 年 11 月，在首届长三角文博会上，一名参展商提前"体验"安徽出版集团展区的 VR 设备。（安徽省档案馆提供）

浙江省杭州市设立长三角"一网通办"专窗。（浙江省档案馆提供）

为完善长三角地区铁路网布局和区域综合交通运输体系，2020年7月，沪苏通铁路一期开通运营。（江苏省档案馆提供）

开放、创新、包容已成为上海最鲜明的品格。

——习近平总书记在首届中国国际进口博览会开幕式上的主旨演讲

（2018 年 11 月 5 日）

2018 年 11 月 5 日，以"新时代，共享未来"为主题的首届中国国际进口博览会在国家会展中心（上海）开幕。它是迄今为止世界上第一个以进口为主题的国家级展会，是国际贸易发展史上的一大创举。（徐程 / 摄 《新民晚报》提供）

上海虹桥进口商品展示交易中心，充分发挥"6 天 +365 天"常年展示交易平台主平台作用，在这里消费者可以购买到真正质量保证、价格优惠的进口商品。（孙中钦 / 摄）

上海市民积极当好东道主，众多普通市民以自己的方式投入服务和保障进口博览会的行动之中。（青浦区档案馆提供）

小康不小康，关键看老乡。老乡看什么呢？重中之重就是扶贫工作做得怎么样。

——习近平总书记在重庆市石柱土家族自治县中益乡华溪村考察时的讲话

（2019 年 4 月 15 日）

上海援建的宜昌市上海中学，是宜昌市夷陵区规模最大、设施最全、环境最美的初级中学。

上海援建的西藏定日县中学校区供水工程。（松江区档案馆提供）

上海在新疆喀什泽普县援建的新疆闽龙达干果产业有限公司，让当地妇女实现家门口就业脱贫。

上海援派新疆喀什地区第二人民医院的医疗专家关心小患者康复情况。

上海市文来中学向西藏日喀则市萨迦县中学捐赠图书。

要把人民群众生命安全和身体健康放在第一位，坚决遏制疫情蔓延势头。

——习近平总书记对新型冠状病毒感染的肺炎疫情作出的重要指示

（2020 年 1 月）

2020 年 1 月，新冠肺炎疫情防控阻击战在湖北武汉打响。上海先后派出 9 批援鄂医疗队共 1649 名援鄂医务人员奔赴武汉抗疫一线，为取得抗击疫情的全面胜利作出了上海贡献。图为 2020 年 1 月 24 日晚，上海第一批援鄂医疗队在虹桥机场集合出发。（上海申康医院发展中心提供）

2020 年 3 月 5 日，上海复旦大学附属中山医院援鄂医疗队队员刘凯医生在护送病人做 CT 的途中停下来，让已经住院近一个月的 87 岁重症患者欣赏了一次久违的日落。（甘俊超 / 摄 中山医院提供）

上海市民人人争当"疫情防控志愿者"，他们以社区、机场、车站、码头、高速道口、地铁以及人口密集场所为目标，以邻里守望、科普宣传、医疗卫生、防疫辅助、文明实践为内容，为上海织密筑牢属地防控、社区防控、群防群控网络注入了宝贵的志愿服务力量。

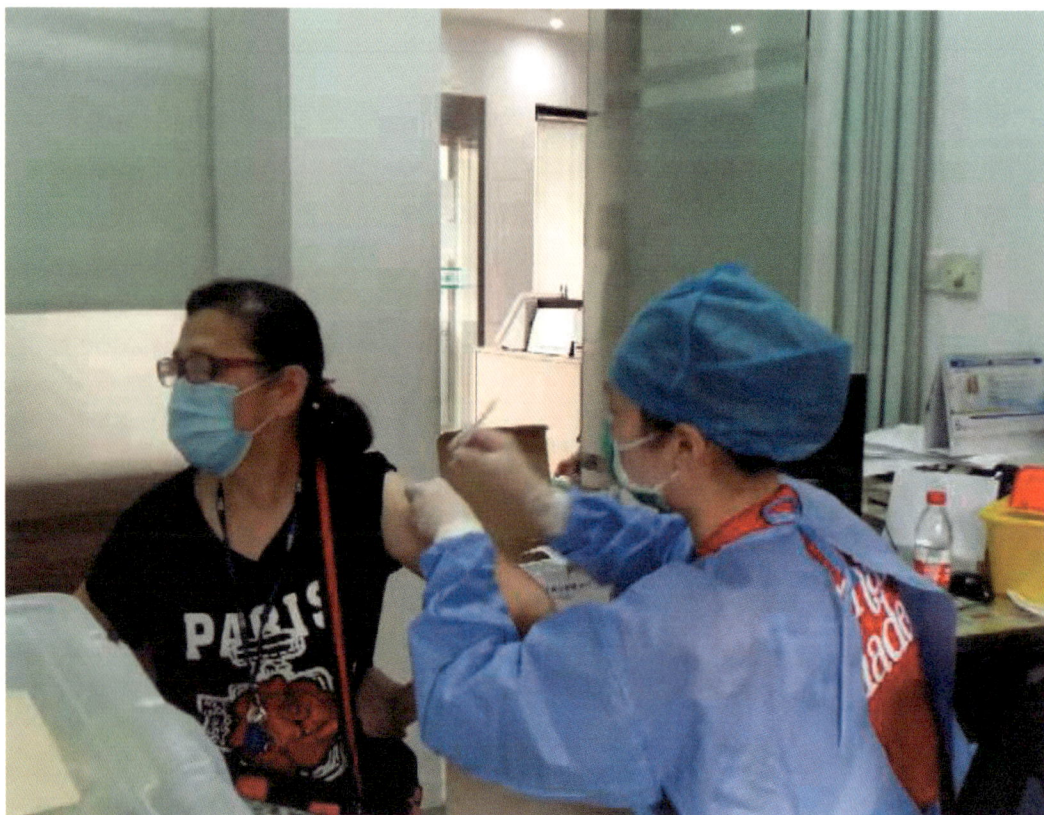

通过有序接种新冠病毒疫苗，可在人群中逐步建立起免疫屏障，阻断新冠肺炎的流行。2021年春，上海的临时疫苗接种点遍布大街小巷，市民可随到随打。（林卫平/摄）

政务服务"一网通办"和城市运行"一网统管"
推进城市治理现代化、精细化

2018年，上海创新实行政务服务"一网通办"，使得政务服务优质化、高效化、便捷化、规范化，切实提升群众办事的获得感和满意度。普陀区行政服务中心通过"一网通办"自助服务专区，线上线下融合，把公开、咨询、服务、答疑等功能汇集于一体。（普陀区档案馆提供）

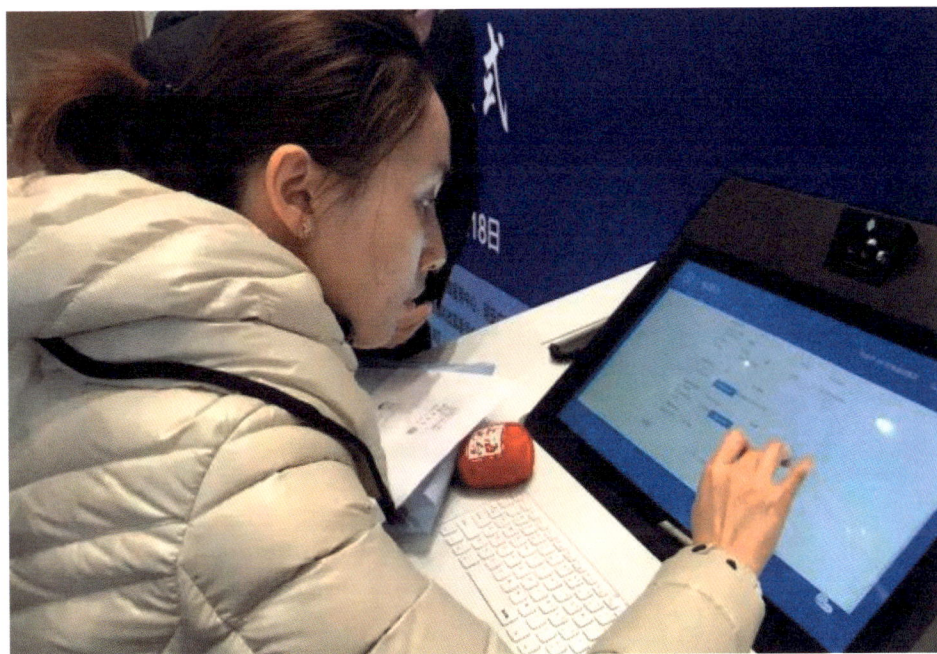

黄浦区首台具有一网通办业务功能的"智能店小二2.0"正式进驻淮海中路商务楼宇。图为市民正在体验一网通办功能。（黄浦区档案馆提供）

为加快推进社会治理现代化，上海着力建设城市运行"一网统管"系统，推动城市治理向智慧化、精细化迈进。图为2020年10月上海市"一网统管"市域物联网运营中心正式启用。（徐程/摄《新民晚报》提供）

松江区建立的城市网格化治理综合管理中心在"一网统管"体系中发挥枢纽作用。（松江区档案馆提供）

"工业锈带"变成了"生活秀带",人民群众有了更多幸福感和获得感。

——习近平总书记在上海杨浦滨江考察时的讲话

（2019 年 11 月 2 日）

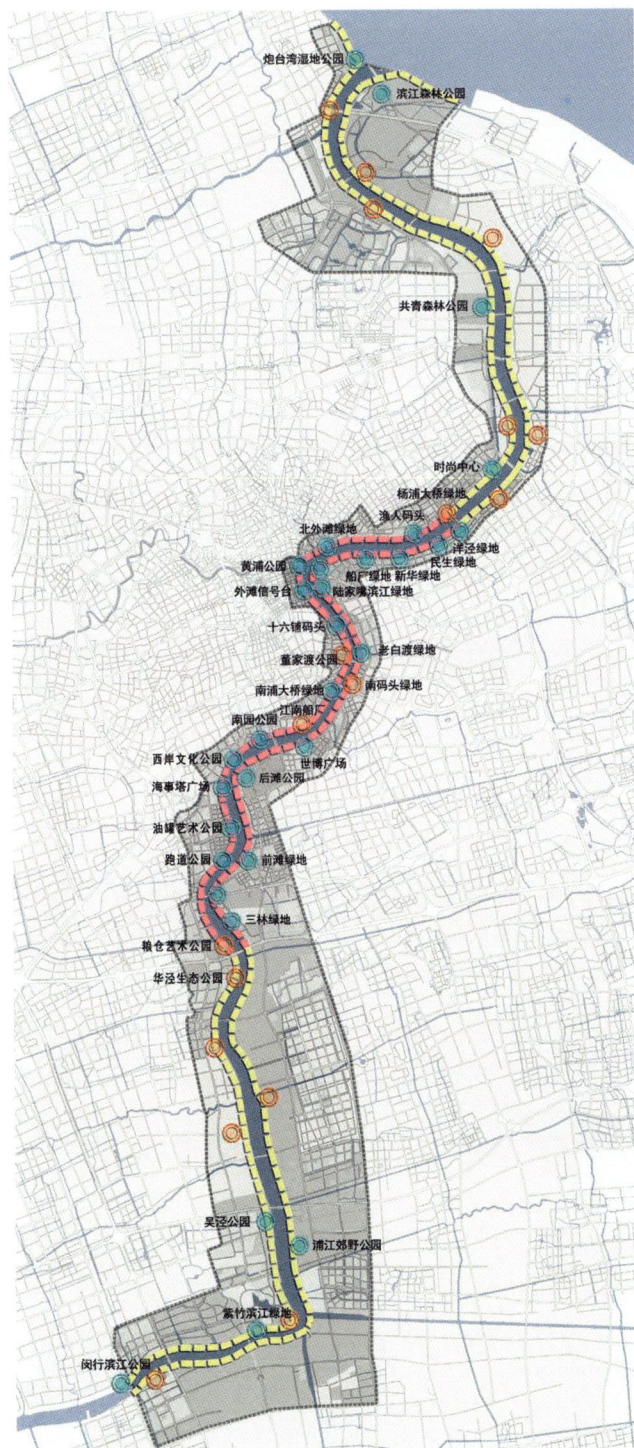

炮台湾湿地公园
滨江森林公园

共青森林公园

时尚中心
杨浦大桥绿地
渔人码头
北外滩绿地   洋泾绿地
黄浦公园   民生绿地
船厂绿地 新华绿地
外滩信号台 陆家嘴滨江绿地
十六铺码头
董家渡公园   老白渡绿地
南浦大桥绿地   南码头绿地
南园公园   江南船厂
西岸文化公园   世博广场
海事塔广场   后滩公园
油罐艺术公园
跑道公园   前滩绿地

三林绿地
粮仓艺术公园
华泾生态公园

吴泾公园
浦江郊野公园

紫竹滨江绿地
闵行滨江公园

黄浦江滨江公共空间贯通规划图（2018—2035 年）。

2016 年 8 月，上海下决心启动黄浦江两岸公共空间贯通改造，还江于民、还岸于民、还景于民，其中开发的重点是杨浦滨江段。杨浦滨江段历史上曾是辉煌的沿江工业带，有着"中国近代工业文明长廊"的美誉。图为杨树浦煤气厂制气车间全景。

建设中的杨浦滨江。（叶引弟 / 摄）

2017 年 10 月，杨浦大桥以西 2.8 公里滨江岸线贯通；2019 年 9 月，杨浦大桥以东 2.7 公里滨江岸线贯通。5.5 公里杨浦滨江岸线向全体市民开放，实现了还江于民、还岸于民、还景于民。图为杨浦滨江新岸线。（陈明松／摄）

把最好的岸线资源留给市民，这是上海"一江一河"建设规划的出发点。图为徐汇滨江夜景。（徐正魁／摄）

虹口北外滩全貌。（秦战／摄 虹口区档案馆提供）

在黄浦江东岸22公里的江岸上，每隔一公里就有一座"望江驿"，为市民提供休憩空间。（刘歆/摄 《新民晚报》提供）

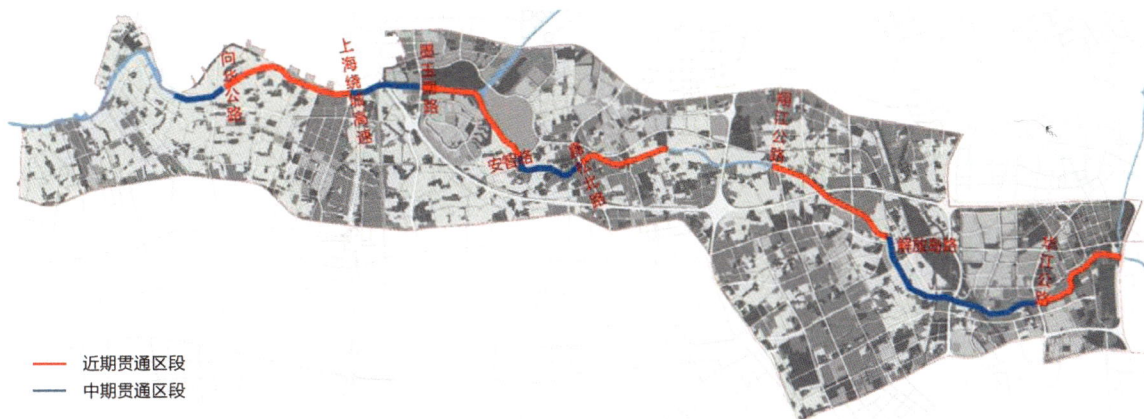

近期贯通区段
中期贯通区段

郊区段贯通目标

中远两湾城
宜川养老院
梦清园
太平洋长途汽车站、泵站、酒店
南北高架
西藏北路
海宁路
海事码头，水闸管理所
四行仓库、浙北绿地
外滩源
北京东路
河南中路
恒丰路
江宁路
镇坪路
长寿路

静安

黄浦

苏州河中心城段贯通方案设计

苏州河沿岸地区建设规划
（2018—2035 年）。

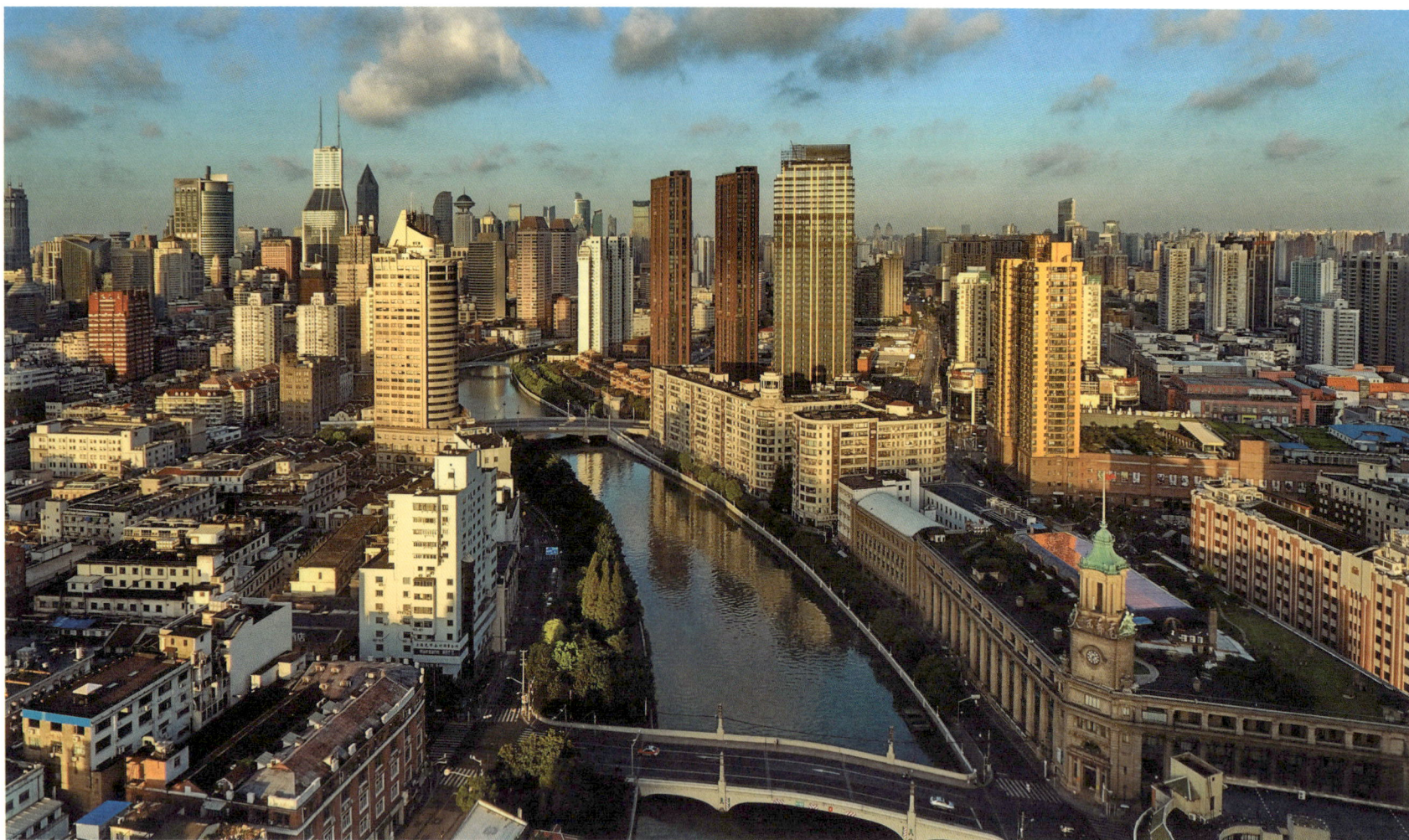

2018 年 12 月 30 日，上海全面启动苏州河环境综合整治四期工程建设，进一步提升苏州河干支流水质和城市防汛能力，强化苏州河综合功能，着力打造世界级滨水区。2020 年底，苏州河中心城区 42 公里岸线的公共空间基本贯通开放。（郑宪章／摄）

百年前"圣约翰大学"的历史建筑群与苏州河美景相融，长约 900 米的苏州河华政段成为上海"一江一河"中又一段独具特色的滨水岸线。

弯弯的苏州河。（王鹤春／摄　《黄浦报》提供）

百舸争流，千帆竞渡！一年一度的上海苏州河城市龙舟邀请赛已成为上海知名文化品牌。（张龙／摄　《新民晚报》提供）

实施乡村振兴战略，
打造上海现代化国际大都市的亮点和美丽上海的底色

2013年，上海启动新一轮推进城乡一体化发展三年行动计划（2013—2015年），积极推进城乡一体化建设。松江等地积极培育家庭农场，在促进现代农业发展方面发挥了积极作用。（松江区档案馆提供）

2019 年，上海市政府印发了《关于切实改善本市农民生活居住条件和乡村风貌进一步推进农民相对集中居住的若干意见》。图为奉贤区金汇镇新强村，上海首个"上楼"和"平移"两种农民相对集中居住方式同时实施的村庄。（孙中钦／摄）

绿水青山环绕的宝山家园，让百姓"开窗望绿""出门见绿"成为现实。（宝山区摄影家协会　梁晶／摄）

俯瞰崇明，生态瀛洲。（沈焕明／摄）

2021 年 5 月，第十届中国花卉博览会在崇明举行。（陈梦泽 / 摄 《新民晚报》提供）

在城市建设中，一定要贯彻以人民为中心的发展思想，合理安排生产、生活、生态空间，努力扩大公共空间，让老百姓有休闲、健身、娱乐的地方，让城市成为老百姓宜业宜居的乐园。

——习近平总书记在上海杨浦滨江考察时的讲话
（2019 年 11 月 2 日）

积极扩大养老服务供给。2014 年，上海普陀区宜川养老院正式运营，这是普陀区地理位置最优、床位数最多、投资规模最大的养老机构之一。（普陀区档案馆提供）

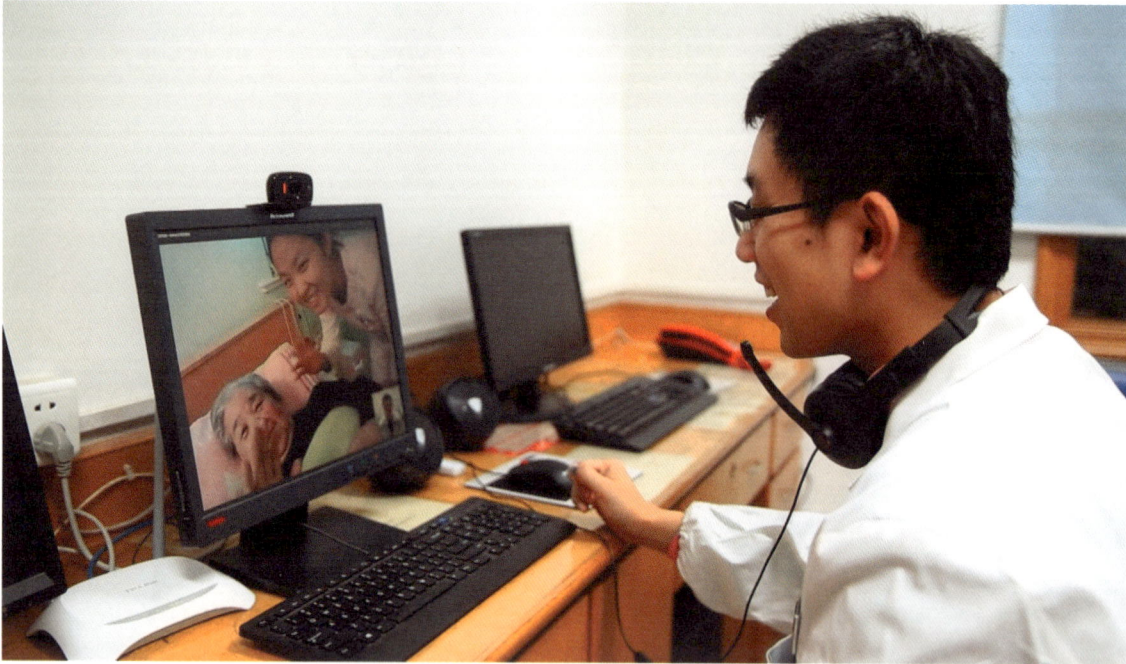

利用互联网+，为社区老人提供远程医疗服务。（普陀区档案馆提供）

实施健康上海行动，全方位、全周期保障市民健康。图为医务人员为签约家庭病床的慢性病患者提供上门随访服务。（松江区档案馆提供）

❶最美桑榆景，人间重晚晴。（松江区档案馆提供）

❷上海市委、市政府高度重视和关心少年儿童的健康成长，坚持把做好托育服务工作作为保障和改善民生的重中之重。图为松江区某托幼机构的师生。（松江区档案馆提供）

❸普陀区曹杨新村街道武宁片区亲子活动。（普陀区档案馆提供）

❹推进旧区改造和旧住房更新改造。图为2018年8月虹口区122街坊的居民在统计签约生效时留影。（虹口区新闻中心提供）

"旧改"让虹镇老街焕然一新，瑞虹天地"月亮湾"商业综合体在老街原址拔地而起。（徐荣耀／摄　虹口区档案馆提供）

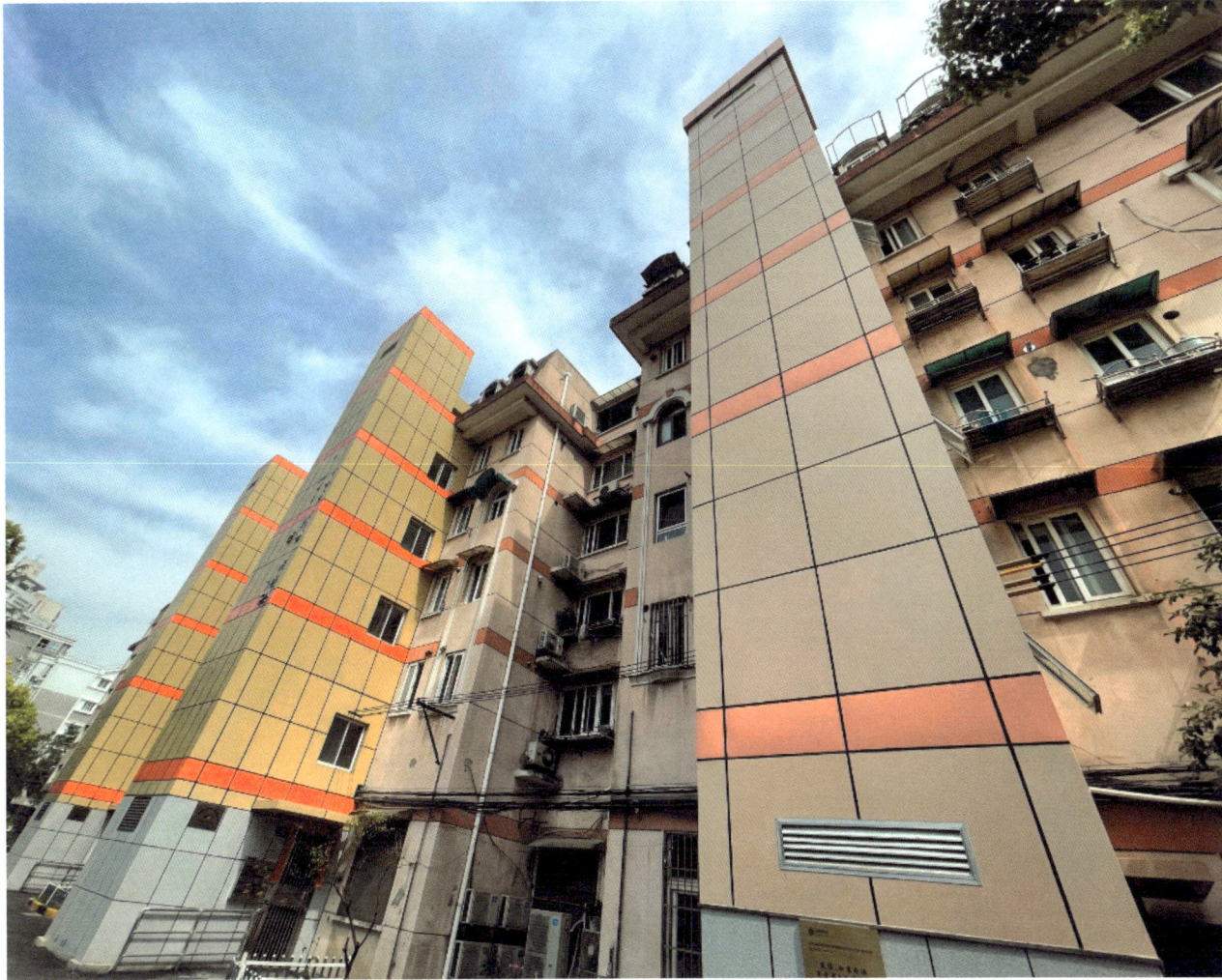

老旧住宅加装电梯，解决"悬空老人"下楼难。图为加装电梯后的控江一村住宅楼。（杨浦区档案馆提供）

2018 年起，上海开展城市街道架空线入地和合杆整治，武康路成为上海中心城区第一条开工的架空线整治道路。（林卫平 / 摄）

上海旧区改造从过去的大拆大建模式转变为"拆、改、留"并举，再到"留、改、拆"并举，将旧区改造与保护历史建筑、改善居民生活条件有机结合起来。历史建筑得到有效保护，成为市民可阅读的城市记忆。图为改造后的步高里。（郭长耀／摄　黄浦区档案馆提供）

大力推进优质公共服务资源向郊区和家门口延伸。上海积极探索建设"一站式"的社区服务综合体——睦邻中心。组图为杨浦区四平路街道抚顺路社区睦邻中心。（杨浦区四平路街道提供）

上海的公园绿地除了有外环林带、郊野公园这样的"大手笔"，也有更贴近百姓的"小""多""匀"，基本实现市民出 500 米就有公园。图为杨浦区四平路街道阜新路口袋花园。（杨浦区四平路街道提供）

2019 年 2 月，上海在全国率先开展生活垃圾分类，在细微处下功夫，垃圾分类成为新时尚。图为社区志愿者对市民开展垃圾分类宣传。（闵行区档案馆提供）

打造家门口"一站式"服务综合体，将更多服务资源下沉到社区，向市民身边延伸覆盖。图为静安区宝山路街道社区食堂。（静安区宝山路街道提供）

满足人民群众多层次、个性化、高品质的生活需求，早餐工程确保市民吃得安心。图为中环百联门口的流动早餐车。（普陀区档案馆提供）

上海市长宁区虹桥街道是全国人大常委会法工委于 2015 年 7 月在全国首批设立的 4 个基层联系点之一，也是唯一设在城市街道一级的立法联系点。图为虹桥街道基层立法联系点举行《中华人民共和国家庭教育法（草案）》意见征询座谈会。（长宁区档案馆提供）

上海城投集团在上海中心 126 层上海之巅举办《大城大楼》电影党课辅导报告。（黄伟国 / 摄）

为更好地服务广大党员群众，基层纷纷建立形式多样的党群服务中心。图为党员同志在杨浦滨江"人人屋"党群服务站开展主题党日活动。（杨浦区大桥街道提供）

推进新城建设　推动南北转型　打造面向未来的"人民城市"

五大新城

嘉定新城：成为具有创新活力、人文魅力、综合实力的科技教化之城和沪苏合作桥头堡。图为嘉定新城新貌。（李琦／摄　嘉定区档案馆提供）

奉贤新城：成为上海南部滨江沿海发展走廊上具有鲜明产业特色和独特生态禀赋的节点城市。图为奉贤新城核心景观湖"上海之鱼"。（夏其林／摄　奉贤区档案馆提供）

青浦新城：成为承载长三角一体化发展和进博会战略功能，引领绿色创新发展和江南文化传承的生态宜居之城。图为青浦新城核心城区航拍全景。（徐程 / 摄　青浦区档案馆提供）

松江新城：依托长三角 G60 科创走廊建设高铁时代产城融合的科创人文生态之城。图为松江新城全景。（松江区档案馆提供）

南汇新城：全面建设与临港新片区功能相契合的高能级、智慧型、现代化未来之城。图为南汇新城滴水湖全影。

金山区

金山区全面落实"两区一堡"战略定位，坚持化工产业向精细化绿色化升级，使金山成为"上海制造"重要承载区和科创成果转化区。图为金山区上海湾区科创中心。（《金山报》提供）

宝山区

宝山区以科技创新引领区域转型再塑，依托南大、吴淞科创功能集聚区，加速推动科技成果转化和产业化，全面推进产城融合创新发展、新兴产业创新发展，使宝山成为全市科技创新中心建设的主阵地之一。图为吴淞创新城创意办公群效果图。（宝山区档案馆提供）

传承红色基因　赓续红色血脉

上海是党的诞生地和初心始发地。2021年6月3日，中共一大纪念馆正式开馆。上图为中共一大纪念馆，下图为中共一大会址。（上海美术设计有限公司提供）

2021年7月1日，社区居民在被誉为"红色弄堂"的虹口区恒丰里收看收听庆祝中国共产党成立100周年大会实况直播和习近平总书记重要讲话。（龙钢/摄）

海军官兵在中共一大纪念馆重温入党誓词。（林卫平／摄）

机关党员干部在上海市人民英雄纪念塔前开展专题党日活动。（朱莉／摄）

少先队员在中共一大纪念馆前、太平湖畔举行庆祝建党百年的活动。（赖成钊／摄）

青年人开展"奋斗百年路，启航新征程"
主题团建活动，庆祝建党百年。（李国华／摄）

后 记

《人民就是江山——红色珍档见证中国共产党百年奋斗之路》档案文献图集是上海市档案局（馆）贯彻落实习近平总书记"七一"重要讲话精神和对档案工作重要批示精神，服务庆祝建党百年和党史学习教育大局，用档案讲述百年来中国共产党人坚守人民至上的故事，诠释伟大建党精神的重要举措之一。

在本书编撰过程中，我们得到了中央档案馆国家档案局的大力支持，中央档案馆提供了许多珍贵文献与图片。中共上海市市级机关工作委员会、中共上海市委党史研究室对图集的内容提出了指导性意见与建议。江苏省档案馆、浙江省档案馆、安徽省档案馆、上海各区档案馆、《新民晚报》社、《浦江纵横》报刊社、道润（上海）文化传播有限公司等单位在资料方面给予了诸多支持。东方出版中心相关编校人员精心排版编校，在书稿审读和图文编排等方面精益求精，保证了图书的出版质量。在此，谨向所有支持和帮助本书编辑出版工作的单位和个人致以诚挚的谢意！由于书中所收文献和图片较多，无法逐一注明提供单位，不妥之处，敬希谅解。

囿于编者的学识和水平，书中难免存在疏漏和不足，请各位专家和广大读者批评指正。

编者

图书在版编目（CIP）数据

人民就是江山：红色珍档见证中国共产党百年奋斗
之路/徐未晚主编；上海市档案馆编. —上海：东方
出版中心，2024.4
　　ISBN 978-7-5473-2364-9

　Ⅰ.①人…Ⅱ.①徐…②上…Ⅲ.①中国共产党 –
党史 – 史料Ⅳ.①D23

中国国家版本馆CIP数据核字（2024）第060128号

人民就是江山：红色珍档见证中国共产党百年奋斗之路

主　　编　徐未晚
编　　者　上海市档案馆
策　　划　刘佩英
责任编辑　戴欣倍
装帧设计　钟　颖

出 版 人　陈义望
出版发行　东方出版中心有限公司
地　　址　上海市仙霞路345号
邮政编码　200336
电　　话　021-62417400
印 刷 者　山东韵杰文化科技有限公司

开　　本　889mm×1194mm　1/12
印　　张　19
字　　数　284 千字
版　　次　2024年4月第1版
印　　次　2024年4月第1次印刷
定　　价　188.00元